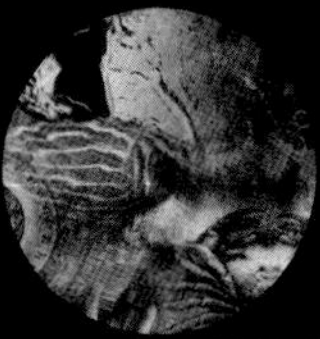
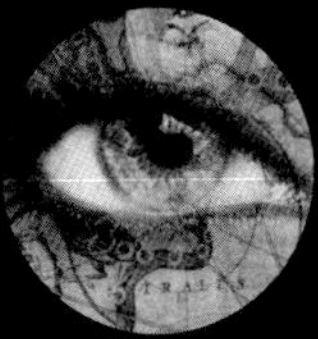

The Secret of Numbers

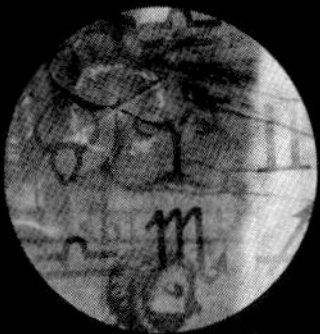
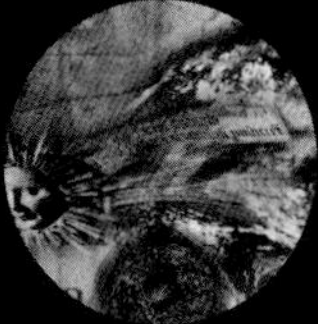

Daso Saito

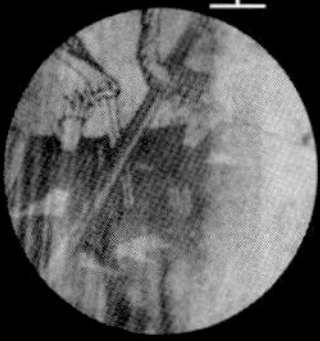

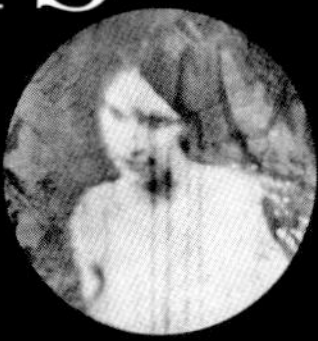

シークレット オブ ナンバーズ

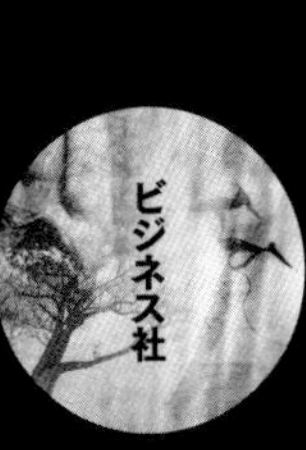

はじめに

シークレット オブ ナンバーズ（数の神秘）

１９９２年に私が日本ヴォーグ社から『１００年数秘の本』を出版した頃には、書店で数秘の本を見ることはまれでした。そして、ここ十数年の間に数秘関連の本は数多く出版されていますが、どの本にも書かれていない事柄が目につき、どれひとつとして満足のいくものはありませんでした。なぜなら、そこに書かれていることは、数秘という道具の〝使い方〟についてだけだったからです。そこで、数の神秘への理解を深めるため、今回執筆の運びとなりました。

『１００年数秘の本』以降、私は数秘を使ったウェブサイトの作成チームに加わったことがあります。でも本の出版の機会には恵まれませんでした。家族セラピー、ヒプノシストレーニング、瞑想リトリートなどに夢中で、いわば自分自身の成長に働きかけることに忙しかったのです。

ところが数年前、ピュタゴラス（＊）の生地サモス島を訪ねたことがきっかけで、ピュタゴラスという人物を徹底研究し、ある結論に達したことから、少しずつ本書の執筆が始まりました。

後の章で詳しく述べますが、〝数秘〟とは私たちが今生で全うしようとしているテーマや、生まれ持った能力、社会に何を貢献するかという可能性、苦手なことも含めてのチャレンジとなることや目指していくべき事柄などを〝考察する〟道具です。

通常、生年月日と出生届の名前を用いますが、それを基に、数秘チャートというものが作成されます。数秘の本を片っ端から開いていくと、どの本も、他にはないチャート表を並べることに終始しているかのように見受けられます。けれども、どれだけ多くの数秘チャートを並べようが、数の読み方の情報を満載しようが、肝心の『数』そのもののパワーについて理解が深まらない限り、数秘を読むことはできません。そして、そのパワーを理解していけばいくほど、数秘チャートはいとも簡単に読み取れます。

書店に並ぶ数々の数秘の本で、どこにも書かれていなかったこと、それは「数のエッセンス（本質）」が持つパワーを理解することこそ、数秘をマスターする道だということです。

ここで少し私たちの生活習慣に目を向けてみましょう。実のところ、数は私たちの日常にあまりにも密接な関係を持っています。30分前とか5分後など、過去、未来といった時間の概念として、熱さ、重さ、長さや音の高低などを示す共通単位にも数が使われています。もしもたったいま、この地上から数が消えたら、世の中はとても不便になるでしょう。このような有効性はもちろんですが、1から9までの単独の数はそれ自体のエッセンス（本質）ゆえに、ある種の「パワー」を持っているのです。

そして、多かれ少なかれ、ほとんど無意識的にではあるけれども、私たちはこのパワーを実際に使っています。もっとも顕著な例は、テーブルの足を4本にして安定させることや、第三者の意見を取り入れることでプロジェクトに広がりを持たせることなどです。4には安定、3には創造性という質があります。「そんなことはあたりまえだ」と言う方がいるかもしれませんが、それほどあたりまえに私たちは数のパワーを用いているということなのです。

本書では、その「数のパワー」により意識的になることで、「あなた」というユニークな個性と、数が自然に運んでくるエネルギーと間の「調和」を見いだすことを目的にしています。そうすることで、私たちはあるがままの自分を受け入れ、私たち自身の自然なリズムに合った歩幅で、人生という、可能性に満ちた豊かさの中に足を進めていけるようになります。それはもっとも健康的で、楽しく、幸せな「歩み」です。

（＊注）ピュタゴラス
日本では一般的に〝ピタゴラス〟と表記されるが、本書では古代ギリシャ語の発音に忠実な〝ピュタゴラス〟を用いている。

ピタゴラスネオアカデミージャパン代表
Daso Saito

シークレット オブ ナンバーズ　目次

CHAPTER 02

数の本質に瞑想する

CHAPTER 03

数を知り、あなた自身に出会う

CHAPTER 04
数秘を人生により活かすために

CHAPTER 01

ピュタゴラス数秘学とは何か

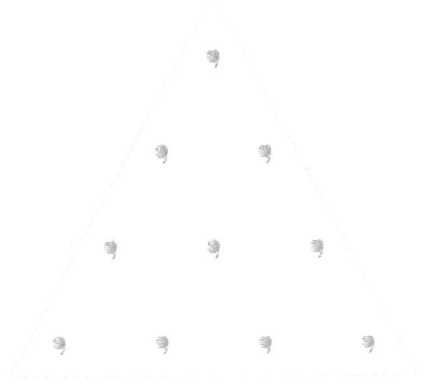

数秘の歴史

数秘の分流を大きく分けるなら、伝統的な型を伝承する「カバラ数秘術」、ピュタゴラス派に伝わってきたとされる「ピュタゴラス数秘学」、そしてそれらを検証し、現代人に合う形に発展させてきた「現代数秘学」があります。

これらはアメリカの数秘学者がカテゴライズしたものですが、日本では単に呼び名として使われているだけで、計算式などはほとんど現代数秘学のものです。日本人特有の、何でもかんでも受け入れて日本流に都合よく変換する、という資質がここにも表れています。それはけっして悪いことではありませんが、混乱を生むことは事実です。読者のみなさんはこれまでも、そしてこれからもいろんな本に出会っていかれるでしょうが、何が正しいかではなく、何が自分にフィットするかという観点から選択すべきだということをおぼえておいてください。

さて、日本では「数秘学」と「数秘術」の間にはっきりした区別はないように見受けられますが、英語のNUMEROLOGYは、ヌメロ（数）の、ロジー（学問、理論）という意味なので、「数秘学」と訳すのが自然です。それに対して「術」は、真理を紐解く「術《すべ》＝方法」という意味で使われる言葉です。したがって、厳密に言うなら、頭に「カバラ数秘」「ピュタゴラス数秘」「現代数秘」のどれが来ても、それを学問として研究するのか、真理を紐解く鍵として用いるのかによって区別されるべきだと思います。

カバラ数秘術

初めに「カバラ数秘術」を紐解いてみましょう。カバラとはユダヤ教の伝統に基づく神秘主義思想という定義づけになります。真理を解く鍵がそこに隠されてきたのです。その意味で私にとってこれは「術」です。カバラ思想の中心にある「生命の樹」（P28の図を参照）というものから数秘が生まれていますが、そこで重視される数字は1から9、そして10という完全数と、それをひとつ超えた11という数。修行の過程を示す道の数としての22です。数秘リーディングではアルファベットを数値に置き換える「数値表」というものを用いますが、カバラ数秘術ではヘブライ語のアルファベットを用います。

現代数秘学

「現代数秘学」では、ローマ字のアルファベットの順序通りにA＝1、B＝2、C＝3、…となるのですが、カバラ数秘術ではA＝1、B＝2、G＝3、…というふうになります。したがって合計数も違ってきますし、数の解釈も違います。もちろん先にお断りしたように、何が正しいかではなく、何がフィットするかが大切なので、カバラ数秘術があなたにぴったりであれば、それを用いればいいと思います。

けれども、古い伝統、しかもヘブライ語という日本人には馴染みのないシステムを基盤にしているカバラ数秘術は、もはや現代人の感性にフィットしないのではないかというのが私の個人的な見解です。

ピュタゴラス数秘学

次に「ピュタゴラス数秘学」に焦点を合わせましょう。私は2年前、冬の3カ月間をピュタゴラス研究に捧げましたが、どこをどうたどってみても、ピュタゴラスその人と〝数秘というシステム〟を結ぶ接点を見いだすことはできませんでした。ただし、偉大な数学者として知られているように、ピュタゴラスと〝数〟を切り離して考えることができないのも事実です。

結論を言うと、現在私たちが目にすることのできる数秘システムをピュタゴラス自身が作ったと考えるのは間違いです。けれども、彼がイタリアに渡って弟子たちに真理を説いていたミステリースクールでは、数と音の関係性、数と色の関係性などが探究されていたわけで、ピュタゴラスは確かに数の本質、その純粋なエネルギーについて語っていたはずです。そして弟子たちがピュタゴラスの教えを伝承していく過程でピュタゴラス派というものが生まれていくのですが、その中に数秘学という一分野が伝わってきたと考えるのは自然なことでしょう。

よって「ピュタゴラス数秘学」を正しく名づけるなら「ピュタゴラス派の数秘学」と呼ぶことになります。私自身はピュタゴラス派の学問にも、カバラを紐解くことにも関心がありません。「学」でも「術」でもない「数の神秘」に注目しています。そして、真摯にピュタゴラスの探究心に習うという意味で「ピュタゴラス数秘」という名称を使っており、この造語は私のオリジナルです。またピュタゴラスが重視した「テトラクトゥス」というシンボル（後述。P25を参照）が数秘の原点だと考えており、彼が数の神秘を説いたことに疑問の余地はありません。

ピュタゴラス派とは何か

ピュタゴラスは紀元前6〜5世紀頃の人物です。そしてピュタゴラス派が発展したのは紀元1〜3世紀頃です。これまでに私が独自に調査した資料の中には、これがピュタゴラス派の数秘学だと言えるものはいっさいありませんでした。さまざまな洋書の中でも、「現代数秘学はピュタゴラス派に伝わる数秘学を基に発展してきた」と書かれているだけです。

この実体のないピュタゴラス派の数秘学とは何か？

それは、ピュタゴラスの数の理論を受け継いだ哲学者たちが伝承してきたシステムで、基本的には真理を解く鍵として伝わったものであるけれども、長い歴史の中で、いわゆる学問として発展したものだと私は結論づけています。アメリカ人で数秘学の著書を出版している多くの数秘学者が、哲学者や歴史学者でもあるという事実がそれを裏づけているのではないかと思います。

19世紀初頭から伝わる「現代数秘学」は、カバラ数秘術のシステムも十分に考察した上で、ヘブライ語ではなくローマ字のアルファベットを数値表として用いることを選択しました。ただ、現代数秘学者の中には、最古のチャートといわれる「ピュタゴラスのチャート（＊注1）」を研究している人もいれば、ヘブライ語のアルファベットの数値表をリーディングの一部に採用する人などさまざまです。

つまり、ピュタゴラス派に伝わるといわれる数秘学も含み、あらゆる歴史上の記録を紐解き、考察し、それらをもっとも現代人の感性に合う形に発展させてきたのが「現代数秘学」と言えるでしょう。基本的には1から9と、11、22のマスターナンバーを考察します。

これまでに私が調査してきた領域で見る限りでは、数秘学者はヨーロッパよりも断然アメリカに多いです。イギリスに旅したときに「いまこそ数秘の本を買い込むチャンス」と思い、ロンドン最大の書店を訪ねたのですが、何とも乏しい在庫状況でがっかりした覚えがあります。それに対して、私が数秘を学んだ書籍の著者は2人ともユダヤ系のアメリカ人でした。また、ラスベガスに住む同じくユダヤ系アメリカ人女性に「数秘を学ぶならカバラスクールに行かないと。本来ユダヤ系の人しか行けないけれど、紹介するわよ」と言われたことがありました。

また、数秘リーディングでしばしば用いられる「ピナクル・チャレンジ」というチャート表（＊

注2）は、18世紀頃カバラを研究していたアメリカ人女性のグループが共同制作したという記録もあります。これらのことから、私の中では現代数秘学はアメリカで発展したという結論が導き出されています。マシュー・オリバー・グッドウィン、ジュノ・ジョーダン、フローレンス・キャンベル、シルリー・B・ローレンスなど、現代数秘学を発展させてきた人たちがみな、口を揃えて言うことが、「数秘の的中率の高さには驚くばかりだが、それがなぜかという説明は私にはできない」というものです。

けれども、私にとっての数秘は、雨が降れば土が潤い、涼しい風が吹いて、草花の種が運ばれ、土中に落ちた種子が養分を吸い取って育っていくのを見守っているのと同じように、自然な生のリズムを感じ、読み取ることです。とはいえ、それを読み取ることができる感性を育てたのは瞑想であり、自分自身の成長のために働きかけてきたことが大きな滋養となっています。

この優れた道具を知ることは、自然のリズムにチューニングすることであり、もしみなさんが〝数秘を読み取ること〟に関心がなかったとしても、日々の生活習慣の中でもっと気楽に、心地よく過ごす術を得てもらうことにはなるでしょう。

（＊注1）9つの升目に生年月日の数を置いていくシンプルなチャートで、それぞれの数がいくつあるか、縦横斜めに3つの数が揃った場合の意味合いなどから読み取る。
（＊注2）生年月日を基に人生を4つの周期に分けて読み取るチャートで、目指すべきテーマとチャレンジとなることが示される。

ピュタゴラス――旅の軌跡

ピュタゴラスという人物は、紀元前6～5世紀頃に存在した偉大な数学者としてあまりにも有名ですが、それゆえに彼の神秘家としての側面はあまり表に出てきていません。十数年前、初めて数秘の本を書くことになり、ピュタゴラスという人物を調査していく過程で、現代の偉大な覚者OSHO（＊注3）が『永久の哲学 ピュタゴラスの黄金詩』という講話シリーズの中で彼について語っているのを知りました。全巻20本くらいあった英語のカセットテープに来る日も来る日も耳を傾けるという瞑想をし、3カ月経ったとき、ある大きな理解が起こりました。それは覚醒への道に関することです。

ピュタゴラスは覚醒した神秘家だった。当時の西洋人としては初めて東洋を旅した彼は、自らが覚醒していないながらも、旅の途上で出会った多くの神秘家に師事した、とOSHOは語っています。彼の中の飽くなき探究心がそうさせた、と。

さらにOSHOは言います。

――ピュタゴラスの中で西洋と東洋が統合された――

この言葉を聴いたとき、私は長年の呪縛から解放されたと感じました。これまでタロットや数秘など神秘を探る道具を手にしていながら、発祥地や歴史が不明瞭であることにどこか居心地の悪さを感じてきたのですが、それがどこから来たものかを追求することは重要ではなく、それらの道具を使って真理を探究することが大切なことだったのです。

西洋人のマインドを持ったピュタゴラスが東洋の英知を得たことで、西洋的な論理と東洋の神秘が統合された――それはつまり左脳と右脳が調和し、覚醒が起こったということです。

彼が探究してきた世界が「ひとつの真理」として統合されたとき、彼の中に「黄金詩」（ピュタゴラスの教えを短編の詩にしたもの。Golden Verses of Pythagorasと呼ばれる）が生まれました。そして、ピュタゴラスやOSHOに起こったことは、私たちにも起こり得るのだと、この一節は語りかけてきました。その鍵は「飽くなき探究心」であり、それこそが私が分かち合いたい「数の神秘」です。

『永久の哲学』で語られていることの歴史的背景を確かめるため、最初に以下の2冊を選びました。カナダ人で、神秘学の研究家であるManly Palmer Hall（マンリー・P・ホール〈1901～1990年〉）の著書『The Secret Teachings of All Ages（すべての時代の秘密の教え）』の中の「The Life and Philosophy of Pythagoras（ピュタゴラスの人生と哲学）」の章と、Thomas Stanley（トマス・スタンリー）の『PYTHAGORAS（ピュタゴラス）』です。

ところが、いざ仕事にかかってみると、たくさんの疑問がわいてきました。そして、結局、ピュタゴラスに関する他の文献も集めることになったのです。巻末にそれらを参考文献としてあげてありますが、参考になったのはわずかな部分だけだったということをお断りしておきます。彼の誕生や死に関しても、いろんな説があるということがわかっただけでしたが、紀元前6世紀の人物を探っていくのですから、考えてみれば無理のないことです。でも、ピュタゴラスが生きていた時代の描写から彼の人間像を少しは感じていただけるかもしれないという思いから、私なりの考察をまとめてみました。

ピュタゴラスをめぐる考察

3世紀後半に書かれたという『ピタゴラスの生涯』という著書があります。著者はポルピュリオス（234～305年）となっていますが、邦訳本の解説を読むと、「彼は多数の著作家の説と文章を選択して編成した」ということなので、どちらかというと彼は編者でしょう。引用した文献の名前が明記されていないので、誰が何を述べているのか皆目わからず、失礼な表現かもしれませんが、「ピュタゴラス」という記述のあるものをとりあえず全部載せたという感を拭いきれません。何度か読み返し、私の中で整理がついたことだけを以下に記します。

ギリシャのサモス出身の商人であったムネサルコスという父親と、やはりサモス生まれのピュタイスという母親の三男坊として生まれたピュタゴラスは、非常に明晰な頭脳の持ち主だったようです。商人として成功していた父親は彼に最高の教育を受けさせました。ピュタゴラスはエジプトに渡って天文学と幾何学を学んだ他、シドン（紀元前6～4世紀に栄えた町で現在はレバノンの三大都市のひとつ）で自然学者にして預言者であるモコス（フェニキアの天地創造神話の作者）の子孫たち、そしてフェニキアの神官たちから「ありとあらゆる秘儀」を伝授されたとあります。

ピュタゴラスの周辺には、「かの人（ピュタゴラス）が川に呼びかけたら、川が〝ごきげんよう、ピュタゴラスよ〟と叫んだ」といった話や、地震予知、空中飛行など、いわゆる奇跡と呼ばれるようなことをやってのけたという記録がチラホラ見受けられますが、一般人から見れば、覚醒した人物の行動は理解しがたいものだったのだと推測します。

ピュタゴラスが、「リズムとメロディーと歌詞によって、精神的および肉体的な苦痛を鎮静させた。（中略）彼自身は全宇宙の調和音に耳を傾けるのを常とした」といった記述から率直に受ける感じは、彼がトランス誘導（＊注4）、あるいはヒーリングのテクニックを知っていたということのように聞こえます。また、「フェニキアの霊峰カルメル山（紀元前4世紀ゼウスの聖所だったなど歴史的な礼拝の場所）では、たいてい神殿に独りこもっていた」の意味するところは、「瞑想していた」ということでしょう。

彼はバビロン、カルデア（メソポタミア）の文明を学習し、さらには中東を通ってインドにまで足を伸ばします。マンリーの著書では、インドのブラフミンからイニシエーションを受けたとなっていますが、ＯＳＨＯの講話の中では、「ナーランダというマスターに入門して光明を得た」

となっています。

ピュタゴラスにまつわる場所を訪ねたいという思いはずいぶん前からありました。数年前、ギリシャで瞑想のコースに参加する機会があり、せっかくなら足を伸ばそうと、ピュタゴラス生誕の地、サモス島を訪ねることにしたのです。

「ピュタゴラスに関することを知りたい」と言って観光案内所を訪ねたのですが、得られた情報は、ケルケス山の麓に「ピュタゴラスの洞窟」と呼ばれる場所があるということだけでした。「明日の朝、バスは1本あるかないかだが、サモス人は時間を気にしないし、気が向かないと働かない。よって、その日に町に戻れるという保証はない」ということでしたが、直感にしたがって訪ねてみることにしました。

「当時のギリシャの統主ポリクレイテスはピュタゴラスのことを忌み嫌い、彼とその弟子たちを抹殺しようとした。彼らは洞窟に逃げ延びて、そこで数年を過ごした」ということでしたが、現在ではきれいに舗装されたその山道は要所ごとに「あと3キロ」「あと2・5キロ」という小さな標識が出ているだけで、前にも後ろにも何もありません。日本ならどこの駅にもある地図とか、気軽に道を尋ねられる交番とか、日常の生活の中で「手がかり」にしてきたようなものは何もないのです。

そして、この「手がかりがない」という状態は、胸の奥が微かにざわつくような感覚を作り出します。それを「不安」と呼ぶこともできるのですが、その裏側に「興奮」があることも事実で

した。季節は10月の半ばでしたが、陽が燦々《さんさん》と照っており、陰になる大きな木が1本もないので、汗は滴り落ち、呼吸も激しくなってきていました。ため息をついて立ち止まると、ほんの一瞬心地よい風が吹いてきて、全身を冷ましてくれます。

ふと顔を上げた瞬間、壮大な景観が目に飛び込んできました。明るい光の中で青く輝くケルケス山を目にした途端に感動で涙が出ました。あと1キロ、あと800メートル、標識に励まされてやっと洞窟にたどり着き、しばしの時を過ごして帰路に就きましたが、洞窟そのものよりも10キロもの山道を一人で歩き続けたという感動が大きかったです。そして、いまさらながらに思ったのです。

旅は目的地にたどり着くかどうかではなく、その過程が重要なのだ、と。

ピュタゴラスの旅の軌跡にはギリシャから始まって、エジプト、フェニキア（現在のレバノン）、シリア、メディアからペルシャ（両方とも現在のイラン）、インド、そしてイタリアという国々が出てきますが、彼はエジプトに22年、バビロンに12年いたと記録されているので、仮に10歳でエジプトに渡ったとして32歳、バビロンで44歳を迎え、それから東方へ旅立ったとして、ギリシャに戻ったのが50歳半ばとされているので、ほぼ10年間中東から極東を旅していた計算になります。

旅の途上で出会ったマスターたちに入門して、多くの真理を得てギリシャに戻ったピュタゴラスでしたが、当時の国の政治体制が自分にとってふさわしくないと考え、イタリアのクロトンに移ります。彼の元に多くの探究者が集まり、ミステリースクールが生まれます。

さらに彼は、弟子の一人、テアノという女性と結婚して7人の子供を持つというふうに、その人生は実に精力的です。菜食を説き、教理は口外禁止とされ、他にもさまざまな規律を弟子に与えたようです。これは、知的理解力が十分でない人びとには、直接的に「○○をするな」と言うほうが効果的だったからなのかもしれません。と同時に、彼は隠喩的表現をよく用いたと書かれています。隠喩は相手に何かを諭すときにマスターがよく用いる手段です。非直接的な表現をすることで、聞き手に「彼は何を意味しているのだろう?」と抵抗なく考えさせる効果があり、現代ではヒプノシス（催眠療法）などでも隠喩、比喩は頻繁に用いられます。

文献のあちこちに、迷信家とか奇跡を起こす人というイメージで表現されている反面、「知的で美しく整った彼の美貌は人びとを魅了し、彼の講演に集まった人びとは数千人を超えた」というような記述も見られます。人徳があり、落ち着いていながら、エネルギッシュなパイオニア的気質を持った人物像がここに浮かび上がってきます。

ピュタゴラスの死

彼の死についてはさまざまな説がありますが、もっとも馬鹿げているのは、ソラマメ畑で大嫌いな豆を踏まないよう立ち止まったために、追っ手につかまって喉をかっ切られたというもの。ピュタゴラスが弟子たちにソラマメを食べることを禁じたという話から、彼は豆嫌いということになり、それを怖がったというところまで話はエスカレートしているようです。彼も一人の人間、単に体に合わなかったという単純な受け取り方はできないのでしょうか？

多くの著述によると、彼のスクールに入門を断られた男が村人たちを煽動してスクールに火をつけ、弟子たちのほとんどは焼死。ピュタゴラスも暗殺されたということのようです。数人の弟子が逃げ延びましたが、その中の一人、リシュスが黄金詩を書いたとされます。彼は自分の名を公表せず、師への愛と尊敬ゆえにマスター、ピュタゴラスの名のもとにそれを書き残しました。

ＯＳＨＯの講話の中で、「そして古来、真の弟子が知る唯一の名前は、師の名前以外にない」「弟子は自らの独自性を失い、師とひとつになる」という言葉が印象的でした。

リシュスは真の弟子でした。彼は自分の命を守るためではなく、マスターの残した詩を守るために逃げたのです。そして、それが２５００年後の今日、ＯＳＨＯという覚醒したマスターによって語られるという形で私の目の前に現れました。ピュタゴラスの肉体は滅んだけれども、その魂が一編の詩となって「真理への飽くなき探究心」を運んできたのです。私は22年間、数秘の領域を旅してきました。ピュタゴラスがエジプトで学習したのと同じ年月です。もうどこへも進むことはないと思っていましたが、それは大きな間違いでした。やっとひとつの扉が閉じ、新しい扉が開いただけ――タロットの「22―愚者」。ひとつ目の次元が終わっただけだったのです。

（＊注3）ＯＳＨＯ（１９３１〜１９９０年）インドのクチワダ生まれ。21歳で光明を得てからは60年代からインド各地で講演するようになる。75年、南インドのプネー市に瞑想コミューンが作られ、瞑想や最新のセラピーが行われるようになった。その洞察力の鋭さと同時に、講話の中にジョークを交えるという斬新なアイデアが人びとを魅了した。主にヒンディー語と英語で語られてきた彼の講話集は、20カ国語以上の言葉に訳され、親しまれ続けている。

（＊注4）催眠療法の中で用いられる技法のひとつで、無意識マインドを活性化するために人を昏睡状態に導くことを言う。

CHAPTER 02

数の本質に瞑想する

数のパワー

〝数のパワー〟というのは聞き慣れない言葉だと思いますが、まず〝パワー〟という言葉の意味に注目しましょう。一般的に「支配すること」「強さ」「男性的」といった印象を与えがちな言葉ですが、それはパワーがそんなふうに使われてきたからです。でも厳密には、女性性エネルギーが持つ受容力も、支配力と同じくらい力強いものです。

そして、本当のパワーは、それらの調和によってもたらされます。「数のパワー」とは、極から極へ揺れるのではなく、女性性や男性性、左や右に偏ることなしに、その数の中心にいながら両方のバランスを保っているときにやってくる純粋な要素のことです。このことを背景に置いて、ピュタゴラスの洞察を見つめてみましょう。

「必然の法則」と「力の法則」

ピュタゴラスは、私たち人間の行動にかかわる2つの法則があると述べました。「必然の法則」と「力の法則」です。インドではこれらをプラクリティとプルシュと呼びます。

プラクリティ＝必然の法則は、低次の自然、物質性、目に見えるものに由来し、プルシュ＝力

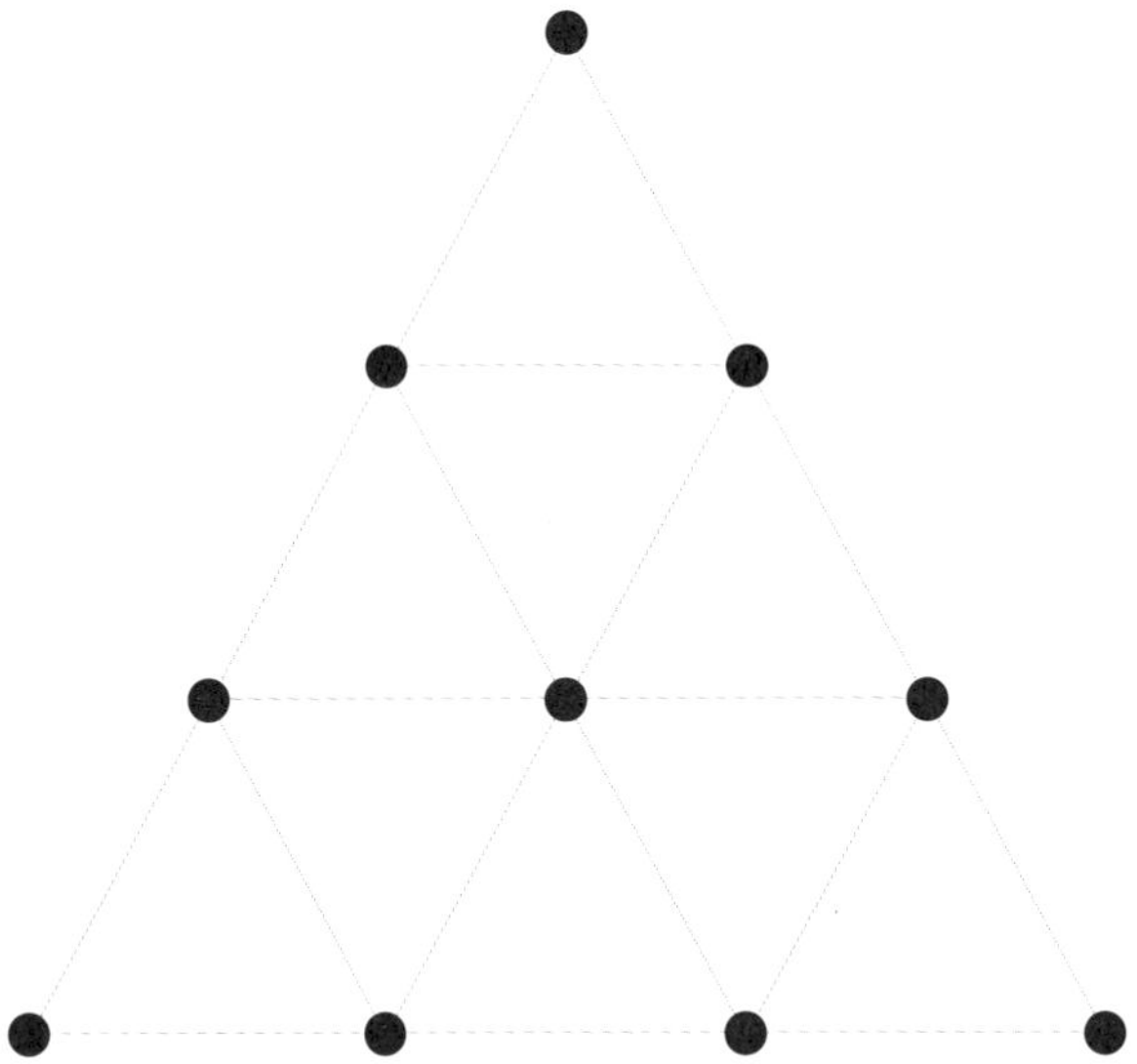

The Tetractys（テトラクトゥス）

の法則は、意識、気づき、高次の自然より発せられます。

そして、それらをつなぐのが私たち人間です。私たちはその対立する2つの法則の間で苦悩します。低次の法則がもたらす肉体の衰えや死との対面にはけっして逆らえないのですが、それと同じくらい高次の力に引っ張り上げられるからです。

片方に寄れば寄るほど、もう一方により強く引っ張られるのです。よって、これら2つの法則を個人の内側で調和させることが要点であり、ピュタゴラスの試みはそこにありました。このことに入っていく前に、ピュタゴラスが重視した、数秘の原点とも言える「テトラクトゥス」というシンボルに注目してみましょう。

25ページの図はテトラクトゥスと呼ぶ三角形です。ピュタゴラスはこの図に生の原理を見いだすよう人びとを促しました。この図をよく見つめて、瞑想することを説いたのです。

大きな三角形の頂点にあたる、いちばん上の点はゼロ次元、その下の2つの点をつなぐ線は一次元の線、さらに下の3つの点は二次元の平面、そして最後は立体の三次元を表現しています。

それぞれをわかりやすくするために左に図を示しました。

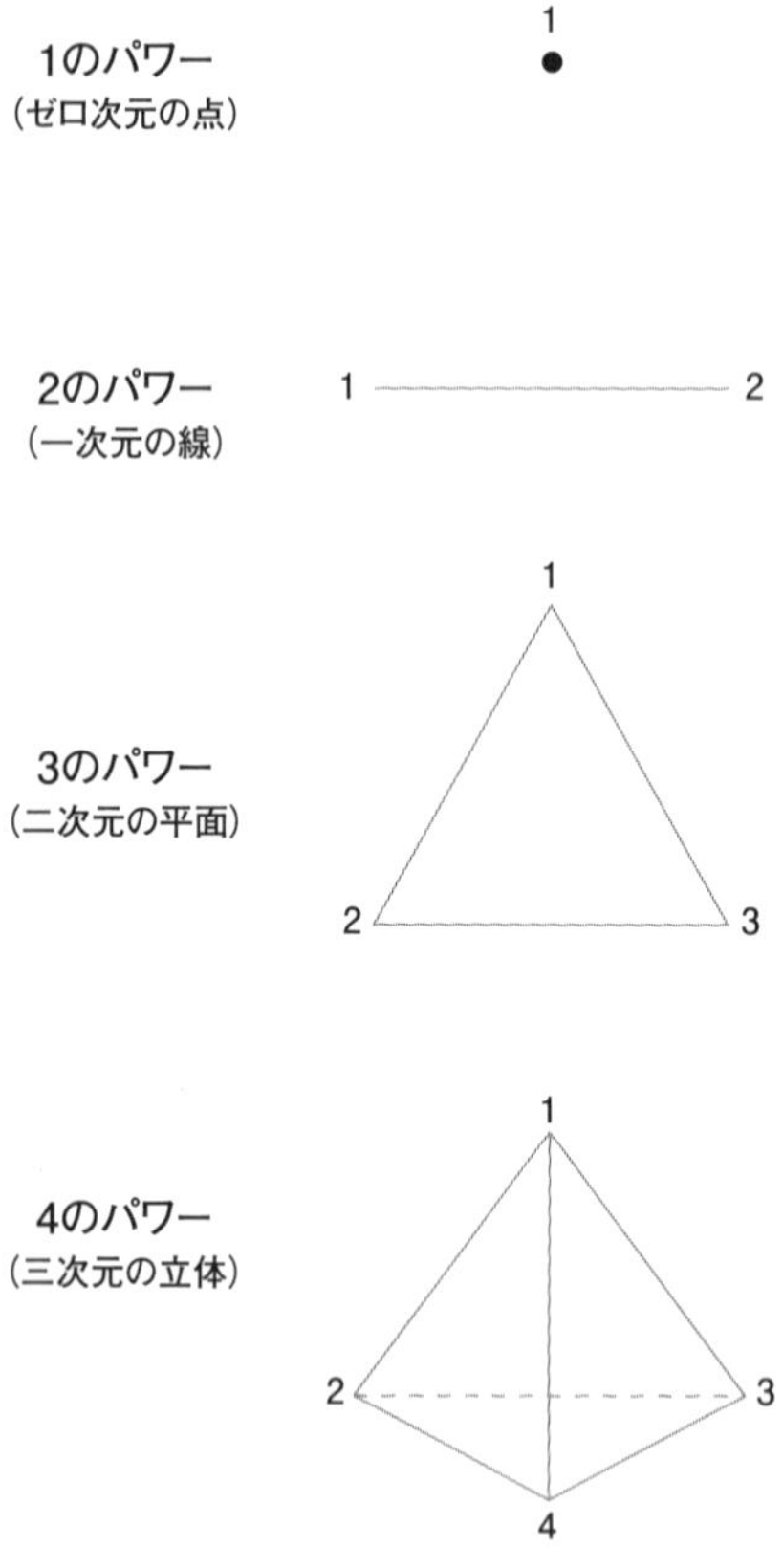

点はそれ自体ではゼロ次元の点粒子です。点が2つ存在すると、それらをつなぐ線ができて一次元となります。3つで平面ができ、二次元の世界が、4つで立体ができ、三次元の世界が生まれるのです。この図は完全なるものを示しています。点、線、平面、立体のすべては点から始まり、立体となって完全になるのです。

テトラクトゥスはまた、宇宙の四大元素――地、気、火、水の象徴であり、最初の4つの数（1、2、3、4）は天球または宇宙の調和を象徴しているといいます。そして、4列全部の点の数を足すと10になり、それは高次の結合体を表していると、ピュタゴラスは説きます。

カバラ密教の世界で言う「生命の樹」（P28）をごらんになったことがあるでしょうか？　この樹には10個のセフィロトと呼ばれるスポット（場所）が示されていますが、形こそ違っていても、これがテトラクトゥスから発展したと見ることにさほどの無理はないと思います。

さらに、この生命の樹からカバラ数秘術やタロットが生み出されていることに焦点を置くと、その原点はテトラクトゥスに示されるピュタゴラスの教えからやってきていることになります。つまり、ここに来て初めて、ピュタゴラス↓テトラクトゥス↓生命の樹↓カバラ数秘術あるいはタロットという構図が出来上がるわけです。

生命の樹

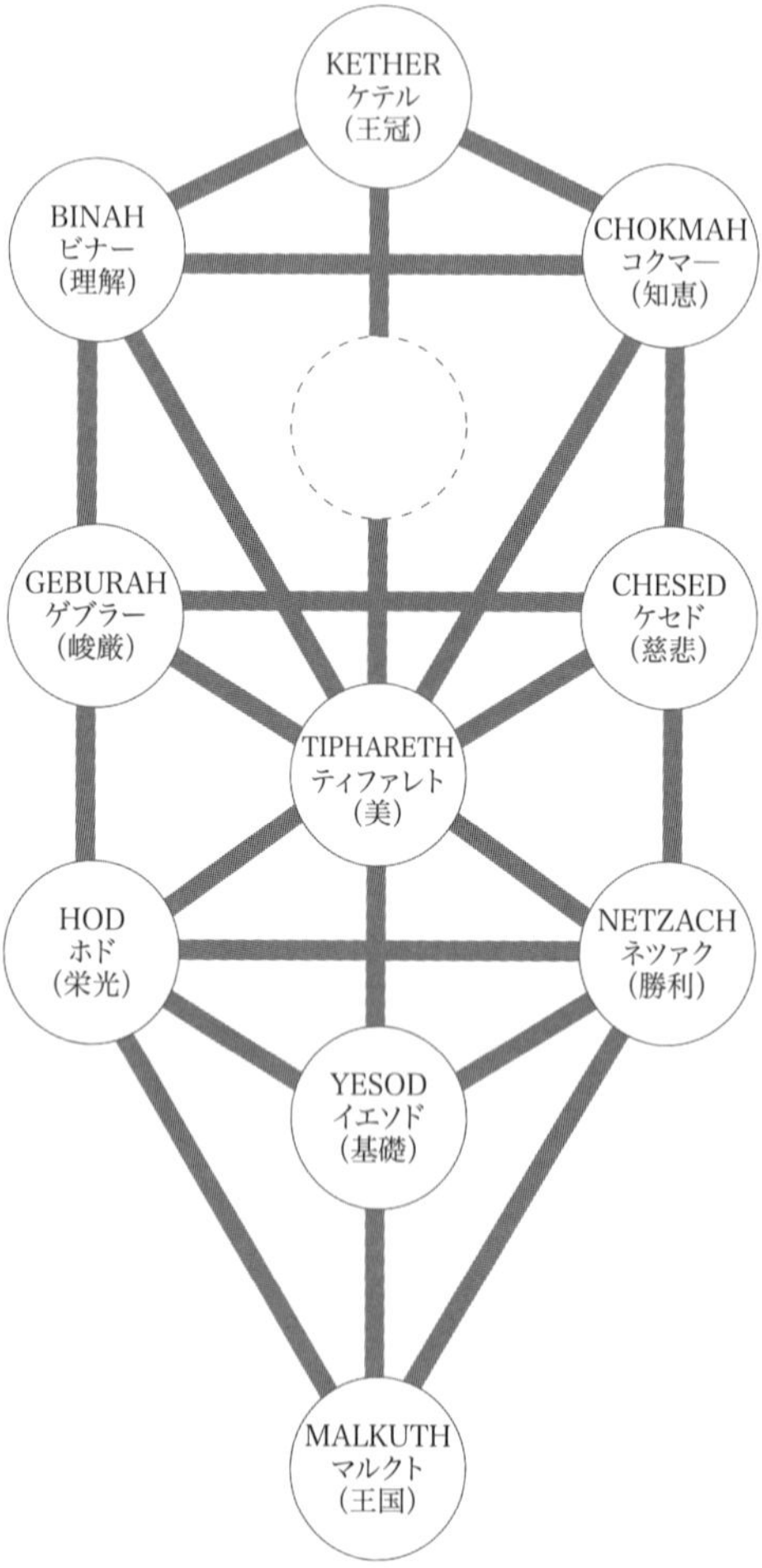

さて、ここまでの解説で多くの人は首を傾げるでしょう。これらの図が数のパワーにどう関係するのか？　どこをどう「瞑想」すればよいのか？　と。

古代の知恵者はものごとを非常にシンプルな方法で伝えようとします。「ほら、見てごらん。そこに真理があるだろう」とばかりに。難解な謎解きが大好きな私たちの思考は混乱します。と同時に、私たちのハートや魂は、どことなく図のシンプルさに惹きつけられます。シンボルというものは、見る人があれこれ思いをめぐらせることができるように作られています。つまりここには、これが答えだ、といったものはないのですが、あえて言うなら、「真理はかくもシンプルなものだ」というのが答えでしょう。

さて、ここから先の解説は私自身の洞察によるものであることを先にお断りしておきます。ピュタゴラスがこのように語ったということではなく、彼の残したさまざまな「真理の断片」に対して、私自身がそれらをどのように聴き、理解したかです。そして、読者のみなさんがそれぞれにどう感じたか、どう聴いたか、そのことを大切にしていただきたいと思います。

ピュタゴラスの残した真理の断片

ピュタゴラスの言う「必然の法則」とは、たとえば、私たちが生きていくためには私たちの魂はこの肉体に住まなければならない、という事実についてです。そして、そうである以上、やがては死という形でこの肉体を離れなければならないという必然があります。

それに対して「力の法則」とは、突き詰めて言うなら「高次のものに結びつく力」、つまり「覚醒して肉体を離れようとする意識の力」についてです。一方は「物質」に惹かれ、他方は「精神性」を目指します。日常的な次元で言うなら、たとえば「死にたくないという思い＝肉体への執着」と「昇天したいという切望＝高次の世界への憧れ」といったことかもしれません。

2つの法則の間で苦悩する私たちにとって、これらの調和を見いだすとはどのようなことでしょう？　物質、肉体への執着をそぎ落として、ただ精神性の高みを目指すことではなく、同時に、意識的でいること、気づいていることを忘れて、物質欲に耽溺することでもない——「必要性」と「力」の調和とは？

それはきっと、この肉体にしっかりといて、物質を大切に扱いながら、気づいていること、意識的に生きることなのだと思います。「数のパワー」と言うとき、それは数の本質、力の法則のことです。それを理解するとともに、必然の法則、つまりこの肉体にあって、「数のパワー」をどう捉えて、どのように扱っていくかが要点です。そして、それはつまるところ、ものごとのあるがままを受け入れることについてです。

テトラクトゥスから数を読む

テトラクトゥスは、一見すると、1、2、3、4という数、そしてそれらを足した10という完全数だけが示されているように捉えられがちです。けれども、ゼロ次元の点がひとつか、あるいは5つかによって、そこに働く力が違った質を持つことになるという意味において、ここにはすべての数があります。そして、点、線、平面、立体というふうに数がその質を変えていくことから、1から9の数の質の違いを読み取るということをしていくことになります。

まず1から9の流れで見ていきましょう。


1は〝個〟であり、〝ものごとの始まり〟です。

2つの個からなる2は、〝調和〟と〝協調性〟を示します。

3は〝創造性〟ですが、それは平面の、二次元の世界を超えていこうとする力として受け取れるでしょう。またこの中には3つの1があり、2の調和と1の個があります。

4は立体で、〝安定〟となりますが、ここには2つの2、4つの1、3と1があることにも注目していてください。

「ペンタグラム」で表される5には〝変化〟や〝自由〟というキーワードがありますが、これは4の安定に新たに1が加わり、エネルギーが動くことを意味しています。先と同じ方式で見れば、含まれる数がどんどん増えていくことがわかります。

6は3の倍数で、頂点が上下を向いて重なり合った三角形「ヘキサグラム」で表されますが、これは幾何学的にもっとも調和の取れた美しい形だといわれます。よって6は、〝美〟や〝愛〟の象徴です。

7は4の安定（この場合は四角形）の中に3の創造性（三角形）が置かれ、内なる創造性を表す〝独り在ること〟や〝瞑想〟を象徴します。

8は4の倍数で、確固とした安定という意味から〝組織化〟そして、〝力〟を象徴します。

9はもうひとつの3の倍数で、やはり創造性にかかわりますが、6よりもより大きな領域を表す〝慈悲〟や〝非個人的な愛〟の象徴です。

数の本質（1から9のパワーとは？）

34ページから各数の本質について説明していきましょう。〈 〉内はキーワードで、その数の本質を示します。どの数もそのキーワードの位置にあるときにもっともパワーを発揮し、プラスやマイナスの極に振れると、その純粋なパワーを減少させるとともに違った力として作用します。

左の図を見てください。たとえば1の場合で説明すると、矢印の中央にあるとき、それは純粋に「陽」のエネルギーを発揮し、「始まり」や「新しさ」を運んできます。そしてプラスの極に振れると、「攻撃性」「目的志向」というエネルギーになり、マイナスだと「消極的」だったり「服従的」なエネルギーに変化するわけです。

人はこのように極から極へ振り子のごとく揺れながら、どのように中心にいるかを体験的に学ぼうとしています。よって、極に向かっている状態を指して、彼は攻撃的だなどとジャッジする

1という数の本質

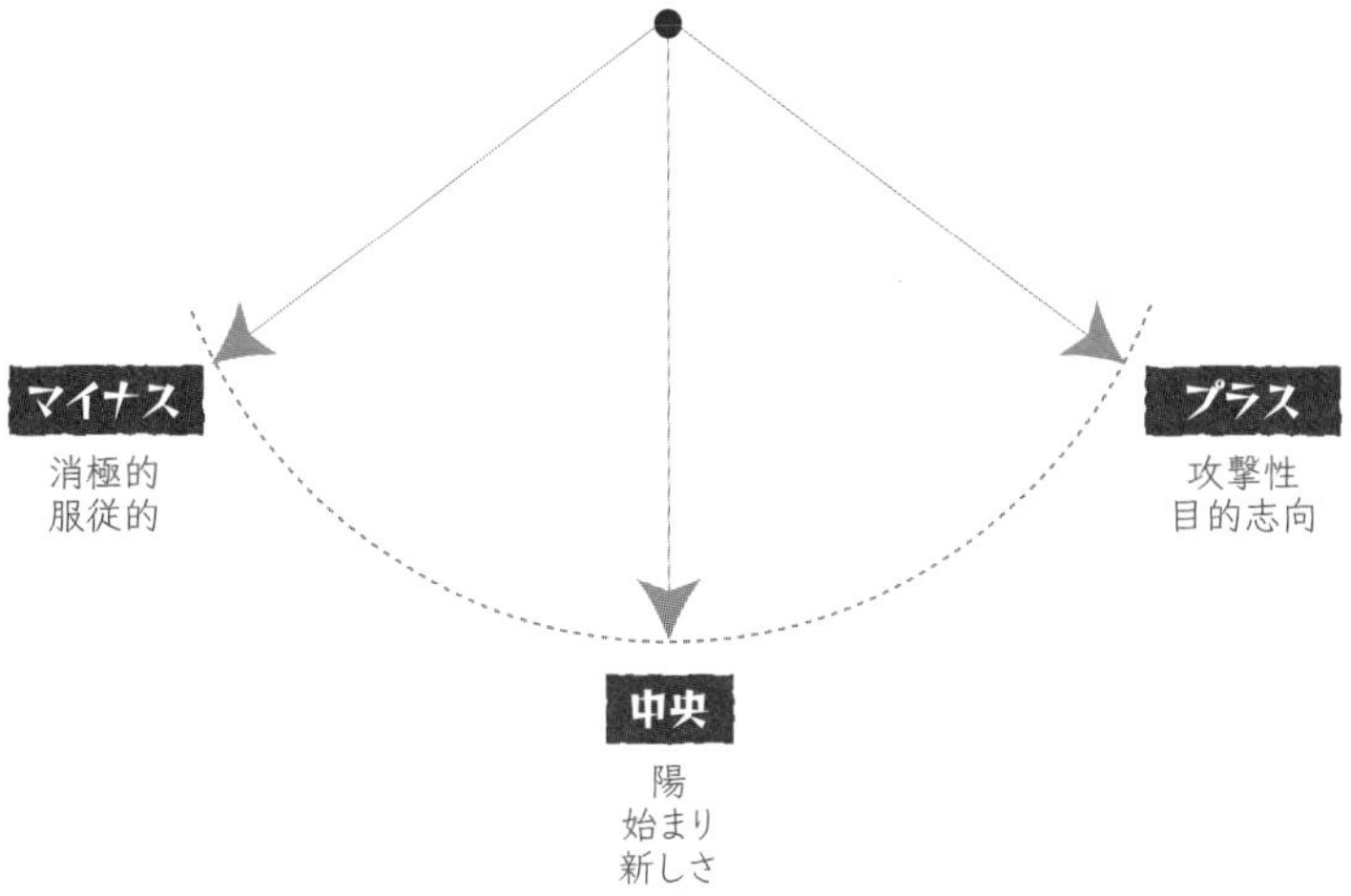

のは間違いです。

色やエレメントはそれぞれの数の質をイメージしやすいように抜粋しました。数秘チャートの作成方法はこの後出てきますが、自分のチャートにどんな数が入っているかを想像しながら読み進んでみると面白いでしょう。

1の本質〈陽、男性性、個として在ること、始まり、新しさ、率先力〉

色……赤
エレメント……火
惑星……火星
石……ルビー
植物……サンフラワーの根

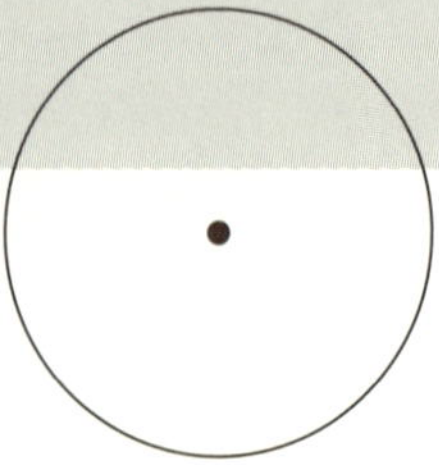

ナンバーワン、文字通り単一であり、始まりを示す数ですが、この数の純粋なパワーは特に「個として在る」ときに全開になります。また、「新しさ」の中にあってこそ、その質が活かされるとも言えるでしょう。陽の男性性のエネルギーは、輝くような明るさと直接的な質を持ち、閃光の矢のようです。裏表がなく、鮮明で瞬発力があります。

「個として在ること」「自分らしさ」「自分の2本足で立つこと」を目指すこの数には、ものごとに対する積極性があります。しかし、エネルギーがプラスに働きすぎると、「私」という自我が顔を出してきて、身勝手さや個人プレーが目立ち、攻撃性、目的志向、自信過剰で利己的な面が出てきます。反対にマイナスの極に向くと、「個」として立つことへのためらいから、自信のなさや、消極的な態度が出てしまうでしょう。方向性を見失い、自己評価が低くなり、服従的になりやすくなります。

これら一連の動きは、垂直に立てた1本の棒で言い表すことができます。前方や後方に傾くときエネルギーは上方にあります。頭で考えているのです。我が出すぎるにしろ、引っ込みすぎるにしろ、それは自我の問題だということです。前や後ろに振れながら、どんなふうにいるとまっすぐに落ち着いて立っていられるのかを探しているという意味で、「私はだれか?」という問いかけを持ち続けることは大きなサポートとなります。

「私」に対する自己イメージを超えて、深みに存在する「核」が、肚《はら》に落ちていったとき、けっして変わることのない〝あるがまま〟の自分自身に出会うのです。

1の純粋なパワーは第1チャクラの色で赤。燃える火で示され、惑星では赤い星と呼ばれる火星、石では赤い色のルビーが関連しています。また、太陽を追いかけて咲くサンフラワーの根は体を温める作用があり、陽のエネルギーを思い出させてくれます。

2の本質

〈陰、女性性、応答、受容性、流れと共に行く、調和、直感、平和〉

色……オレンジ
エレメント……水
惑星……月
石……ムーンストーン
植物……カモミール、アニスシード

1が直線なら2は曲線、男性性に対して女性性、陽に対して陰です。陰陽のマークが1と2の関係性を顕著に表していて、陰の中に陽が、陽の中には陰があるというのが陰陽の原理です。どちらが先かではなく、陽があってこその陰、陰があってこその陽——陰陽は完璧な調和なのです。2の中には1が2つあることから、純粋な個である1同士の間に起こること——応答や平和も示します。そして何よりもこの数は、繊細さを持って「耳を傾けること」によってそのパワーを発揮します。受け入れる力——受容力というパワーです。

やさしく、やわらかいエネルギーですが、同時に繊細さを持ってしっかりと耳を傾けるので、ものごとを直感的に感じ取ります。この数を持つ人は平和主義者に見えがちですが、彼らは争うことを避けているのではなく、むしろ手をつなぐことのほうにより関心があるのです。また、リーダーを全面的にサポートする補佐的な役割を完璧にこなします。これらの質が極端にプラスに働くと、反依存、反動的な質が顔を出し、鈍感さや無感応な傾向が現れます。反対にマイナスだと、依存、無気力さ、優柔不断で感情的すぎる傾向が現れるでしょう。

〝受容力〟という受け入れる器が大きければ大きいほど、そこには揺るぎない力強さがあります。何ひとつすべきことはなく、ただ大きく両手を広げて包み込むだけです。ひとたびその境地を知ったなら、彼らは彼らにとっての自然、彼らの平和を手に入れるでしょう。生の川の流れに沿って、流れとともに生きていけるのです。

2を象徴するオレンジは第2チャクラの色。エレメントの水も、惑星の月も「姿を変えていく」ということで2の質を表しています。惑星との関連で石はムーンストーンが選ばれており、植物はやすらぎをもたらすカモミールと、甘い芳香を持ち、やはり緩和の作用のあるアニスシードです。

3の本質〈創造性、祝福《セレブレイション》、表現、喜び、無邪気さ、肯定性、可能性〉

色……イエロー
エレメント……風
惑星……太陽
石……ゴールデントパーズ
植物……オリーブ、サフラン

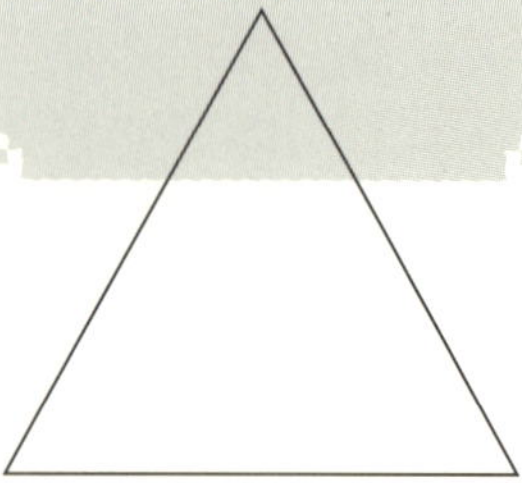

1の男性性と2の女性性の結合から生まれる3には、「創造性」というキーワードがあてはまります。動物の世界ではオスとメスの間に生まれる子供のイメージ、植物の世界ではおしべとめしべの受粉によって作られた実や種子でしょう。そこには「生」の祝福があります。新しい生命がどんなふうに育つかの可能性が含まれています。

では、3を3つの1として見てみましょう。2では調和か対立しかありませんが、もうひとつのエネルギーが存在することで、線ではなく平面が形成され、「形」が出来上がります。静かな水面に風が吹いて波紋が作られる、つぼみが開いて香りを放つといった感じかもしれません。私たちの生活にあてはめてみましょう。「創造性」はつねに内なる喜び、純粋な楽しみから生まれてきます。明るく、無邪気で、肯定的なエネルギーです。この数を持つ人たちは、何であれ自分がしていることの中に楽しみを見いだし、それを表現することで、生を祝福して生きていきます。

けれども、プラスに傾きすぎると、表面的な喜び、浅はかさ、チープな遊びや幻想の世界にエネルギーを投じ、テレビゲームやアプリの前で目を真っ赤にしている自分を見いだすかもしれません。いわゆる躁状態です。あるいは、幻想の世界では何もかもが可能なのに、現実には何ひとつ思い通りにならないと言って、悲劇のヒーロー／ヒロインを演じることになりかねません。そんなふうにマイナスに向かうと、何もかもが否定的に思え、憂鬱で、無口で、生真面目な傾向を作り出してしまいます。大事なのは、自分勝手に作り上げたドラマから抜け出し、本当に楽しめることをすることです。

イエローは第3チャクラの色。エレメントは「動き」を作り出す風。惑星としては明るく、陽気さをもたらす太陽。石は太陽の光に関連するゴールデントパーズ。植物は健康によいオリーブとサフランです。

4の本質

〈普通であること、現実性《リアリティ》、内面のくつろぎ、安定、地に足を着ける《グラウンディング》〉

色……グリーン
エレメント……地
惑星……土星
石……エメラルド
植物……ラベンダー、ユーカリ

4は三次元で立体を作り出します。現実性《リアリティ》とは、「いま、ここ」という次元で目の前に事実として現れているものごとについてです。虚構や理想からのものではなく、実際に触れて感じることのできる物質的なものです。

4を構成する数の組み合わせには4つの1（個）や、2つの2（調和）があり（＊注5）、安定の質がもたらされています。たとえば、椅子の足がすべて同じ太さで同じ長さであれば、その椅子は非常に座りがいいでしょう。また、2の調和の倍という意味で、そこにくつろぎや広がりの質があります。この数を持つ人たちにとって、「普通であること」はすべての要点です。それは、木を切り、水を運び、寝たいときに寝て、食べたいときに食べるという、禅的なアプローチです。

朝、太陽が昇ると同時に目を覚まし、日が沈んだら、小休止し、有意義な時間を取るように心がけていれば、食も、眠りも、そして活発なエネルギーも、自然なリズムで来ては去ることになります。不安からやってくる仕事中毒や頑固さ、安定した仕事や関係性など、外側の保証にしがみつくことは、このエネルギーがプラスに行きすぎた結果です。大卒の公務員で、家柄もよく、願わくば跡取りではない人との結婚を夢見ることなどは、振り子の極でたとえると、絵に描いたような〝4プラス〟です。そして、〝4マイナス〟は、怠惰さから引きこもりになって、パソコンという四角い箱の中で生きていくような選択をしてしまうことです。非現実的で、不安定な傾向に偏ってしまうでしょう。

4にとって、日常的にエネルギーを動かしていることはとても大事で、土いじりなどは大きなサポートになります。グリーンは第4チャクラの色。エレメントは不動のエネルギーを表す地。惑星はゆっくりと動く土星。石はグリーンのエメラルド。そして植物は落ち着きをもたらすラベンダーとユーカリです。

（＊注5）4を構成する数の組み合わせには、4つの1、2つの2の他にも3＋1などがあるが、特筆すべき組み合わせだけを抜粋している。以下の数も同様。

5の本質〈変化、自由、全体性《トータリティ》、瞬発力、瞬間から瞬間へ、冒険、挑戦〉

色……ブルー
エレメント……気
惑星……地球
石……アクアマリン
植物……セージ、ヤロウ

４の安定に、「個」である1が加わることで、動きがもたらされます。「変化」が起こり、「自由」が広がります。先に述べたように、5は幾何学的にペンタグラム（五芒星《ごぼうせい》）で表されますが、星形の頂点が5方向に向かっており、宇宙の五大元素（気、火、土、水、エーテル）につながっているという見方もできます。

「全面性《トータリティ》」というキーワードは、すべてを包含するという意味です。エネルギーの漏れがなく、この瞬間に全エネルギーが集まる状態を想像してみましょう。その瞬発力は、瞬間から瞬間へと動いていく原動力です。この数を持つと、恐れや不安があっても、その裏側にある興奮に引き寄せられる体験をしがちです。人生におけるあらゆる挑戦や冒険は、全面性《トータリティ》とはどういうことかに対する深い理解をもたらします。

つまるところ、彼らは、単に興奮が欲しいのではなく、〝全面性《トータリティ》〟を直接体験したいのです。もしも〝5プラス〟に偏ったら、一時的な興奮を求めて、アルコールや麻薬、セックスなどの快楽に走ってしまうかもしれません。向こう見ずで、官能的な傾向が現れます。そしてマイナスだと、恐れを持ち、過去を振り返ってばかりいて、禁欲的になり、五感を避けてしまうでしょう。しかし、それらはけっして「人生」と呼べるものではありません。そこには〝生きた〟エネルギーがないからです。放蕩、暴走、自虐行為や自由をはき違えた傍若無人な態度は5にとっての注意信号です。

そういう自分を見つけたら、それらの行為の陰にある「真の自由への渇望」に耳を傾けるべきでしょう。全面性《トータリティ》を理解するには疑惑があってはなりません。

ブルーは第5チャクラの色。エレメントは気。青い惑星と呼ばれる地球も石のアクアマリンも色の関連です。そして、植物は浄化、殺菌力を持つセージとヤロウ。新鮮な「気」を保つという意図から選ばれています。

6の本質
〈美、無条件に与える愛、ハートの正直さ、自分の真実への責任〉

色……ネイビー
エレメント……花
惑星……金星
石……ラピスラズリ
植物……ローズ、サンフラワー

幾何学的に6はヘキサグラム（六芒星《ろくぼうせい》）で表されますが、それが三角形を2つ合わせた形であることに注目してください。

3（=創造性）×2（=調和）という捉え方から「美」というキーワードがあてはめられています。それが人間界に与える質は「愛」です。無条件に、限りなく与える愛が、この数のテーマです。

そして、そうであるからには、まず自分自身を愛することが大切です。それができて初めて彼らは内側から愛に満ちます。それはいわば器の中に注がれた水のようなもの。水が枯渇していては他人に与えることができません。

〝6プラス〟の作り出す傾向は、ギブアンドテイクです。「これだけやってあげたのだから、その分を返してくれていいはず」という期待を持ち、望んだことが返ってこないといって腹を立てる——いったい誰のせいでしょう? 愛の押し売りにならないためにも、「自分自身を満たす」を基本に置くべきでしょう。道徳的で、義務感からものごとをし、世間から正しいと言われることだけをするといった傾向は、まさに〝6プラス〟のものです。

そして、マイナスの傾向は、両手に財宝を抱え込んだまま背を向けるケチな老婆の姿で表されるでしょう。愛を注ぐことを忘れ、何もかも抱え込んでしまうとしたら、彼らは単に老いていくだけです。絶えず苦しみ、罪悪感を持ち、そのくせ無責任でいる——なんとしんどい人生でしょう。自分に正直でいる、ハートの真実に責任を持つ——どちらも自分への愛の証しです。そして、「愛を注ぐ」ことは何も難しくはありません。小さなことから始めましょう。

たったいま、自分は何を求めているのか。一つひとつのことに正直でいましょう。そして、シンプルにそれを口にするというのを練習してみることです。

ネイビーは第6チャクラの色。エレメントは花。惑星は愛のビーナスの象徴である金星。石はラピスラズリ。植物は魅力的な芳香を放つローズ、サンフラワーです。

7の本質〈英知、未知なるもの、独りある豊かさ、探究心、瞑想〉

- 色……パープル
- エレメント……海底
- 惑星……海王星
- 石……アメジスト
- 植物……ヒノキ

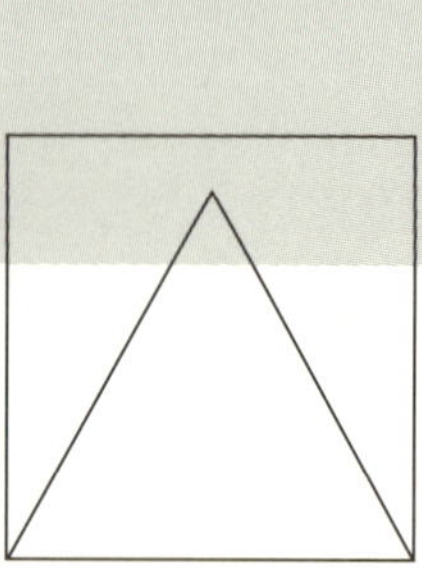

ひとつの数の中にはその手前までのすべての数の要素が含まれているという感覚を持ちながら読み進みましょう。7には6の美も、5の自由も、1の個も含まれています。そしてなおかつ、その純粋なパワーは、未知なるもの、英知に向かうことで全開になります。7は、幾何学的には四角形の中に三角形が入った形で象徴されます。

4（＝安定性）の中の3（＝創造性）という捉え方から、内なる創造性、つまり探究心や瞑想の質が示されます。この数を持つ人たちは究極的に「独りあることの豊かさ」を求めます。そのために「孤独さ《ロンリネス》」と「独りあること《アローンネス》」の間を行ったり来たりします。独りぼっちは寂しい、でも独りは自由だ、といった具合に。

振り子のように揺れている間はいずれにしても、本当の意味での「独りの豊かさ」にはたどり着かないでしょう。英語の「ALONE」（独り）は「ALL IN ONE」から来ており、すべてがひとつの中にあるという意味です。独りでいても大勢と一緒で、どんなに大勢の人といても「独り」の空間を持っている――それが究極の「独りあること《アローンネス》」でしょう。

これは人間の究極の姿であり、誰もが深いところではそれを求めています。と同時に、もっとも難しいことのように感じています。目を閉じて静かに座る時間や空間を持つことがこの数のメッセージでしょう。

〝7プラス〟は、探究がマインドに上がってしまった状態です。頭でっかちな学者のごとく、知識を求め、分析し、理論を追いかけることになるでしょう。ものごとに批判的でいるのも、いわばマインドにしがみついているからです。これがマイナスに行くと、感情にしがみつき、理想を唱える新興宗教家のようになるかもしれません。内向的で打ち解けず、愚かな傾向が出るでしょう。

パープルは第7チャクラの色。エレメントは海底です。惑星は神秘の星、海王星。石はやはり神秘的なアメジスト。植物は心を落ち着かせて内面に入りやすくするヒノキです。

8の本質〈組織力、パワー、金銭、表明すること〉

色……ピンク、マジェンタ
エレメント……ミネラル
惑星……木星
石……インカローズ
植物……タンポポ、タイム

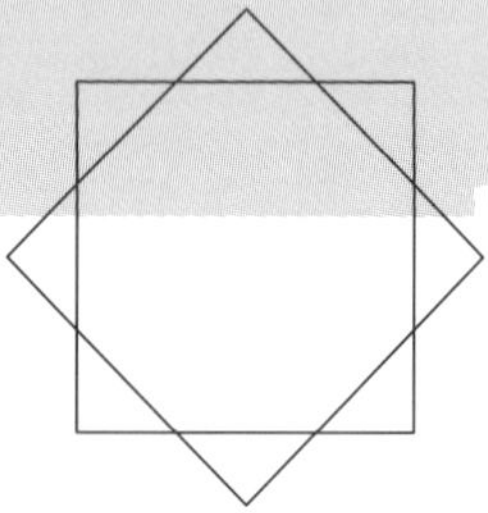

8を表す幾何学的な形は、右図のように、2つの四角形が重なった形です。4（＝安定）が倍になり、よりいっそう根づいた力強さを表します。また、2つの四角形は、ベースにあるものを組織的に組み立てていくといった意味も持ちます。パワーというキーワードは、8という数字の形にも示されていて、上の円はハートの受容力、下の円は肚にある統率力、または支配力を示しており、その両方のバランスが取れたとき、2つの円が交わるところ＝みぞおちの位置で統合されたパワーは全開になるのです。

本当の意味でパワーがある人というのは、人の話をよく聴き、受け入れ、忍耐強く待ち、同時に、動向を見守りながら、打って出るタイミングを見逃しません。つまり、ハートと肚の両方の力を使っているのです。プラスに傾くと、実利主義、コントロール、願望を追い求めるといった傾向をもたらします。マイナスだと、犠牲者の役を演じて、自分の願望を認めず、無能で無力なふりをしがちです。けれども実際には無能な人などというのは存在しません。

人はみなそれぞれにユニークな質を持っており、それを自分で認めてあげることができれば、その質は花開いていくものです。自分らしさというパワーを十分に使って、手に入れたいと望むものを手に入れることです。欲望は満たしてこそ消えるのです。欲しいものを欲しいと声に出して言うこと。それを表明することで、一歩一歩、本当の望みに近づいていくでしょう。

8に関連したものとして、7番目のパープルをもう一段階濃くしたマジェンタが選ばれることもあれば、色そのもののパワーからピンクが関連づけられることもあります。エレメントは五大栄養素のひとつであるミネラル。惑星は発展性にかかわる木星。石はピンク色のインカローズ。植物は力強さを促すタンポポやタイムです。

9の本質〈完成、明け渡し《サレンダー》、手放すこと《レットゴー》、慈しみ、信頼、非個人的な愛〉

色……黒または白
エレメント……虹
惑星……冥王星
石……オパール
植物……ライラック

9は3の3倍です。3（＝創造性）が最大になったエネルギーであり、それはものごとを完成に向かわせる強い力となります。そして、完成の後に来るものは執着を手放し、新たな一歩を踏み出すこと――それはシンプルな生の流れです。

この数を持つ人は、慈しみと同情心の違いを学ぶことになります。人に同情するというのは自分を相手に差し出すことですが、慈しみは時として、冷たさに映ることがあるかもしれません。それは醒めており、相手に巻き込まれていません。そして、客観的でいるからこそ、相手のことがよくわかるのです。

「存在に明け渡す《サレンダー》」というのもこの数の大きなテーマですが、そこに信頼がなければ明け渡すことはできません。また「明け渡す」とはあきらめることとは違います。それは何かにしがみつこうとしないで、両手を広げて存在が運んでくるものを信頼とともに迎え入れることです。

プラス方向だと、あまりに情熱的だったり、自分も含めて他人にも哀れみを持ったりなど、感情移入しがちです。反対にマイナスだと、無感覚、無私無欲の世界に行って、観念的になってしまうでしょう。

どちらの場合も、自分を信頼して明け渡していないということです。他人を通して自分自身を見つめるということに気づきを持っておきましょう。自分の中心からかかわるなら、そのとき同情は慈しみになります。それはより深い非個人的な愛です。瞑想という形で内的な旅をすることは大切な鍵となるでしょう。

関連する色は全部の色が混ざった黒ですが、色を光として捉えたなら、全部が混ざると発光色の白なので、黒と白があてはめられています。エレメントはカラフルという意味で虹。惑星は死と再生を示す冥王星。石はたくさんの色が混ざったオパール。そして植物は深い愛の象徴ライラックです。

マスターナンバーとは？

本書では1から9という数の他に「マスターナンバー」と呼ばれる数も考察します。11、22、33など二桁で同じ数が重なるものをすべてマスターナンバーと呼ぶ人もありますが、一般的には11と22が頻繁に用いられます。これらは高い次元のエネルギーを表していますが、それぞれを足して一桁にすると11は2、22は4となり、基本的な要素は2や4です。高い次元のエネルギーと言うとき、それは単に特徴的要素を示しているだけで、他よりも優れているという意味ではありません。

以下にそれぞれの要素を説明していますが、色やエレメントは2や4に属します。

11：〈サイキック・マスター、洞察、感応力〉

サイキック・マスター（超自然的な力の熟練者）と呼ばれる11は、直感的であると同時に、芸術的で、豊かな感性を示します。そのエネルギーはサイキックな力として表れるだけではなく、音楽や絵画を通して生の豊かさを表現します。繊細なエネルギーで、それを感知するためには静かで落ち着いたスペースが大切です。静けさの中にある「内なる声」に対する信頼が鍵なのです。

このエネルギーがプラスに偏ると、狂信的だったり、精神性を求めすぎるあまり、現実を忘れてしまいです。またマイナスだと、過敏症になるか、無目的の方に動いてしまいます。

高い次元のエネルギーであるだけに作用する力も強いので、外に向けて表現するとき、人とかかわるときなどにより意識的でいる必要があるでしょう。

22：〈マスター・ビルダー、達成する力、宇宙と大地を結ぶ〉

22は、マスター・ビルダーという呼び名の通り、何もない土壌に何か意味あるものを築き上げていく大きな力です。天空と地上の懸け橋となる力を担っている数で、純粋な精神と豊かな物質を結びつけるという要素を持ちます。

プラスに偏って無目的に進んでしまったり、マイナスに偏って狭い視野の中に取り込まれたりするのは、そこにある本当の力に目覚めていないためです。また、あまりに大きな夢や期待が一人歩きしてしまわないよう、人とのチームワークを取っていくこと、つねに新しい関係性、可能性に対して開いていることが鍵となります。11と同じように、高次のエネルギーであるからには、その力は広範囲に作用するため、より意識的に、より肯定的な方向に向けていきましょう。

数秘コラム1……日常で出会う数

「ゾロ目ばかりを見るのはどうしてでしょう?」というのは、私が生徒さんからよく尋ねられる質問のひとつです。また、なぜか一定の数に縁があるという人もいます。これらは数秘にはまったく無関係なことなのですが、いい機会なので私なりの見解を述べてみます。

私たちの無意識マインドは子供のように素直です。仮に〝11:11〟というデジタル時計の数字に目をやって、それがゾロ目であることに気を留めると、無意識のマインドは次に機会があったときに、内側からトントンと肩を叩くのです。「ほら、ここにもあなたの好きなゾロ目があるよ」と言わんばかりに。運よくあなたがそのメッセージを受け取り、「あれ、まただ」と思うと、無意識マインドはもっと調子に乗ってきます。はい、次、はい、次、という具合です。あなたの意識マインドは不思議な感覚に包まれたままですが、無意識のほうはただ与えられたタスクを実行しているに過ぎないのです。

このことは、あなたが仮にミニクーパーを買いたいと思っていたとして、その後、街に出るたびに、ミニクーパーばかりが目に留まるようになるのと似ています。一定の数に縁があるというのも同じです。その人にとって「縁がある」と感じる一定の数を、折に触れ本人の目の前に差し出しているのは、その人自身の無意識です。それはきっと「縁がある」と思うことで安心したり、うれしかったり、くつろぐからでしょう。

そういう意味で、あなたにとって「縁のある数」を持っているのはステキなことでしょう。

CHAPTER 03

数を知り、あなた自身に出会う

基本チャート作成法

数の本質について理解が深まったところで、いよいよこの章では、個別の数秘チャートを作ってみましょう。

いわゆる数秘チャート（図表）と呼ばれるものは、現在、少なくとも10種類以上ありますが、どの場合も、その人の生まれた日と、出生届の名前をローマ字表記し、アルファベット数値表に対応させて得た数を用います。

実際の誕生日と役所に届けられた日にちが違う人の場合、基本的には実際の日を重視します。とはいえ、私が実際に出会ってきた人びとの中には実に興味深いさまざまなケースがあり、一概に判断しにくいことも事実です。どちらを重視していいかわからないときは、単純に「誕生日を祝ってきた日はいつですか？」と聞いてみるのがいいでしょう。それはその日によりアイデンティティがあるからです。

現代数秘では、私たちはこのひとつ前の生でやり残したことを全うしようとして、今生、しかるべき日にしかるべき両親の元に生まれてきたという考え方をします。出生届けの名前を用いるのは、そのためです。

ただしここに重要なポイントがあります。スピリチュアルな世界では、私たちの魂はこの世に生まれてきた後も約2カ月の間はまだ行き先を決めていないといわれます。たとえば両親が離婚寸前だったりした場合、子供の魂はより安全なほうを選択するであろうと考えるのが自然ですが、魂のレベルでは、自分の課題を学べるほうを選ぶようです。このことから、仮に生まれてすぐについた名前が「山田」という姓であったとしても、2カ月以内に両親の離婚や養子縁組、その他の理由で「田中」に替わったとしたら、「田中」で見ることになるということです。2カ月を過ぎるとその子の魂は何であれそこに落ち着くと見るので、その後に替わった場合は考慮しないことになります。婚姻後の姓を考察しないのも同じ理由によります。

けれども、生年月日の場合と同じく、いろんなケースがあるので、本人の中でどちらの名前の影響を受けているのか定かではないというときは、2つの名前で数秘チャートを作成します。その上で、両方の場合を読んでみて、どちらがしっくりくるかを尋ねてみれば、かならずフィットする数が見つけられます。

読者のみなさんへのオファーとして、Twitterで特殊ケースの場合の質問にお答えしています。@pnaj をフォローしてください。

その人の一生に作用する「軌道数」

生年月日から得た数を「軌道数」と呼びます。

これはその人の一生に作用する数で、生まれてからこの世を去るまでの間に何度も繰り返し出会っていく要素であることから、その人が学ぶべき課題と読み取れます。

軌道数の計算方法にはいくつかの計算式がありますが、ここでは一般的に用いられている横計算を採用します。

横計算とは、生年月日を構成する数を一桁になるまで足す計算法です。

ただしマスターナンバーの11と22が出た場合は、それ以上足さずにそのままにします。表記の仕方はそれぞれ11／2、22／4となりますが、それぞれ2や4の要素も含むという意味です。11の人は2、22の人は4の要素も読んでみましょう。

「軌道数」の算出法

〈例1〉 1983年1月20日生まれ

年	月	年
1983	1	20
▼	▼	▼

1＋9＋8＋3＋1＋2＋0＝24

2＋4＝6

軌道数は6

〈例2〉 1968年12月11日生まれ
（マスターナンバーになるケース）

年	月	年
1968	12	11
▼	▼	▼

1＋9＋6＋8＋1＋2＋1＋1＝29

2＋9＝11

軌道数は11/2

＊11はマスターナンバーなので、このように表記する。

名前の中の3つの数「ハート数」「人格数」「表現数」

名前からは母音（A・E・I・O・U）の合計である「ハート数」、子音（A・E・I・O・U以外のアルファベット）の合計である「人格数」、そして姓名全部の合計である「表現数」が得られます。

「ハート数」

「ハート数」とは、文字通りハートの中にある本当の望みを表しますが、自分の意見を持ち、それを堂々と述べることが少ない日本社会では、この数の要素にチューニングするのはとても難しいことのようです。そして、だからこそこの数はリーディングのときの大事な要素です。

「人格数」

「人格数」とは、他者に対してどのように振る舞っているかを示しますが、それは基本的にハートの望みが叶えられるようサポートする働きをします。たとえばある人が距離を取って付き合っているとしたら、その人のことを近づきにくい人と思う前に少し注意深く見てみましょう。すると、彼／彼女の繊細なハートが見えてきます。ガードの固い人ほど繊細だとも言えるでしょう。

「表現数」

「表現数」とは、文字通りあなた自身をどんなふうに表現するかを示します。あるがままのあなたが社会とどのようにかかわり、何で貢献していけるかの部分なので、ここには比較的その人が選びやすい仕事が出てきます。あるいは何をしていてもどんなふうにそのことにかかわるかが示されます。また表現数は、ハートと人格の合計であることから、自分の本当の望みを自覚し、どのように振る舞うかに気づくことで、もっともあなたらしさを発揮していけると言うことができます。

63ページのアルファベット数値表から該当する数を拾っていきましょう。

ローマ字表記に関しては巻末の「ヘボン式ローマ字表」を参照してください。パスポートの表記にはヘボン式ローマ字表記が使われているので、一般的にはパスポートの表記を参照すれば、ほぼ正しいということになります。ただし、最近では「佐藤」や「斎藤」の「とう」の部分を、「TO」ではなくTOHと表記することも許可されるケースがあると聞きます。数秘ではOは長音も短音も数値は変わらず6に該当するので、Hを入れないで計算してください。その他にもわかりにくいケースがあるかもしれませんので、特殊ケースに関しては、遠慮なくTwitterでお尋ねください(@pnaj)。

この他、西洋人の名前にはMATHEWのW（Uと発音）、MARY（Iと発音）のYなどを母音として計算するなど特殊なケースもあります（たとえばWの数値は5だが、その数を子音ではなく母音のほうに足すということ）。日本語の名前でそのようなケースに出会ったことはありませんが、基本的には表記よりも発音を重視するということです。ちなみに西洋人の名前はクリスチャンネーム、ミドルネームなどがあってアルファベット数が多いです。出生届の名前を尋ねるときにもきちんとスペルを聞いたほうがよいでしょう。

では、例題とともに進みましょう。便宜上、母音は下、子音は上に置くことにして、それぞれ該当する数を書き出します。

母音の合計からハート数、子音の合計から人格数を出し、一桁になるまで足していきます。表現数の計算は、母音の合計数と子音の合計数を足せば、すべてを足すことになるので、そのように計算してください。

アルファベット数値表

1	2	3	4	5	6	7	8	9
A	B	C	D	E	F	G	H	I
J	K	L	M	N	*O	P	Q	R
S	T	U	V	W	X	Y	Z	

＊Oは長音も短音も6となる

(例) 平沢《ひらさわ》 唯《ゆい》の場合

7　8 9 1 5	…子音を合計する
YUI HIRASAWA	
39　9 1 1 1	…母音を合計する

ハート数（母音の合計）＝3＋9＋9＋1＋1＋1＝24

↓

2＋4＝6

人格数（子音の合計）＝7＋8＋9＋1＋5＝30

↓

3＋0＝3

表現数 ＝24（母音の合計）＋
30（子音の合計）＝54

↓

5＋4＝9

ハート数6、人格数3、表現数9となります。

（例）北村《きたむら》　柊子《しゅうこ》の場合

```
18  2   2 2  4  9     …子音を合計する
SHUKO KITAMURA
   3  6  9 1  3  1    …母音を合計する
```

ハート数 ＝3＋6＋9＋1＋3＋1＝23
（母音の合計）

↓

2＋3＝5

人格数 ＝1＋8＋2＋2＋2＋4＋9＝28
（子音の合計）

↓

2＋8＝10

一桁になるまでもう一度足します。

↓

1＋0＝1

表現数 ＝23（母音の合計）＋
28（子音の合計）＝51

↓

5＋1＝6

ハート数5、人格数1、表現数6となります。

（例）高須《たかす》　竜児《りゅうじ》の場合

97　1　2　2　1　…子音を合計する
RYUJI TAKASU
3　9　1　1　3　…母音を合計する

ハート数（母音の合計）＝3＋9＋1＋1＋3＝17

↓

1＋7＝8

人格数（子音の合計）＝9＋7＋1＋2＋2＋1＝22

↓

22/4

＊22はマスターナンバーなので、このように表記する。

表現数＝17（母音の合計）＋22（子音の合計）＝39

↓

3＋9＝12

一桁になるまでもう一度足します。

↓

1＋2＝3

ハート数8、人格数22/4、表現数3となります。

4つの数の読み方

ここまでであなたは生年月日から割り出した軌道数と、ハート数、人格数、表現数という名前の中の3つの数を得ています。これら4つの数が数秘チャートを読むときの基本となる数です。

73ページからそれぞれの数の作用をより詳しく解説していきます。どこから読んでもかまわないのですが、次の順序で読んでいくと全体が把握しやすいでしょう。

❶「軌道数」から人生のテーマを見ます。

一生を通じて何度も出会っていく要素ですから、このことをきちんと把握していると、文字通り、人生という道を歩む上で立ち止まったり迷ったりしても、思い出したときに〝ここ〟に戻ってくることができます。〝ここ〟――それはあなたにとっての進むべき道であり、いまこのときこそがあなたが生きていることの証明だということを思い出させてくれる場所です。いわば、あなたの人生の基盤となる要素です。

あなたが歩んでいく人生という道を好きなように描いてみましょう。それはくねった道ですか？　それともまっすぐに伸びているでしょうか？　上がったり下がったりしていますか？　またはは平坦な道ですか？　どんな道であれ、そこに「自立」や「調和」「自由」「内なる安定」など、あなたにとってのテーマを置いてみましょう。

同じ軌道数を持つ人でも生き方はまったく違いますが、そのことを数秘の観点から見るなら、名前の数の作用が違うためということになります。ところが、軌道数も名前の3つの数もまったく同じ2人の人がここにいたとして、彼らは同じ道を歩むかというと、けっしてそうではありません。似てさえいないでしょう。33ページの「数の本質」の振り子の図を思い出してください。人は振り子の振幅範囲の中で、さまざまな作用を受けながら、苦悩し、試し、学んで、可能性を見いだしていきます。それぞれの人が「どんなふうに」あるいは「どのくらい深く」数の要素を理解し、それを活かそうとするかによって、彼らのユニークさが彩られていくわけです。

❷自分の生きる道を知ったら、次に「ハート数」を読みます。

ハート数の作用は、あなたが何を欲しているかにかかわっており、何にも邪魔されることなくそれを手に入れる方向に進んでいくことを促します。そのために何をすべきかのメッセージが含まれています。

ここに書かれていることが、あなた自身のハートにどう響くかを感じ取ってみましょう。何も響かないということはあり得ませんが、何か否定的な感情がやってくることはあるでしょう。それもまたオーケーです。否定性を打ち消さないこと。なぜならそこにもかならず気づきは起こるからです。たとえば、「あなたの内なる存在はとてもオープンです」というのを読んで「そんなことはない。むしろ私は人嫌いだ」という気持ちになったとしたら、そこで「あたっていない」とか「他人はそうかもしれないが、私にはあてはまらない」などと結論づけるのではなく、客観的に自分の気持ちを見守ってみることです。もしかしたら、本当はオープンでいたいのに、そうできない状況があるのかもしれません。あるいは傷つきやすく繊細なハートを弱さだと勘違いして、それを認めたくないのかもしれません。いずれにしても、これはあなたのハートにかかわることです。あなたのハート数を読むときも、友達に伝えてあげるときも、十分な時間を取って、書かれてある言葉の響きにチューニングしてみてください。

❸「人格数」 では、ハートの望みを叶え、守るために対外的にどう振る舞っているかを読みます。

あなたの取りがちな行動、振る舞いのパターンが書かれていますが、ここで気づかなければならない大切なポイントは、あなたがどのような振る舞いをしているとしても、それは「ハートの望み」ゆえにしていることで、たとえそれが否定的に見える振る舞いであっても、そこにはかならず肯定的な動機があるということです。「動機」と「振る舞い」の関係性を明らかにするために、ひとつのお話をしましょう。

『5歳になったばかりのさっちゃんは、お隣の庭に咲いているいろんな色の花々を見て思いました。花が大好きなお母さんにお花を摘んでプレゼントしてあげたら、きっと喜ぶに違いない！さっちゃんは小さな両手いっぱいに花を抱えて、台所にいたお母さんのところへ駆け込んだのです。びっくりしたお母さんは言いました。「ありがとう、さっちゃん。でも、このお花はどこから来たの？」。さっちゃんはニコニコしたままお隣の家を指差しました。そこでお母さんは言いました。「さっちゃん、お母さん、とってもうれしいわ。でもね、これはお隣のおばさんが大切に育てているお花よ。勝手に取ったりしちゃいけないわ。わかる？」。さっちゃんは少し悲しくなったのですが、お母さんの言っていることがちょっぴりわかったような気がしました』

このお話の中では、隣の庭の花を摘むという小さな女の子の「振る舞い」はしてはいけないことでした。でも、お母さんを喜ばせたいという「動機」はステキなことだったのです。このように、人格数の作用を振る舞いの部分だけで判断しないように気をつけましょう。そして、そこに表れる行動の陰にある動機を読み取るためには、「この人（あるいは私自身）はなぜこういうふうに振る舞っているのだろう？」という問いかけをしてみることです。

❹あなたの能力をどう社会に貢献していけばいいのかを「表現数」から読み取ります。

この数は名前全部の合計、つまりハート数と人格数の合計なので、ハートの望みと人格の振る舞いが調和した状態にあるときにもっともパワーを発揮します。逆に言うなら、自分の方向性が見えない、持っているはずの能力が見いだせないというときは、ハートの望みと人格の振る舞いが不調和になっていないか注意を向けてみることです。

また別の側面から、軌道数のもたらすテーマと、表現数の中にある「あなたが社会に貢献したいこと、自分を表現したいこと」がどんなふうにマッチしている／いないかを見ることもできます。マッチしているからいい、していないから悪いのではないのですが、自分の人生を全般的につかんでいくために、どこにもっともハーモニーが見いだせていて、どこに不協和音があるかを知っていることは役に立ちます。必要なだけの時間をかけて、ゆっくりとあなた自身の可能性を見いだせるように、文章の中にはヒプノ的サジェスチョン（有効な情報、メッセージ）が散りばめてあります。それらが意識マインドにではなく、無意識マインドに理解されるように、ゆったりとした環境の中でこれを読むことをお勧めします。と同時に、あなたの意識マインドがまったく理解できなくても、無意識のマインドは、かならずあなたに必要なことを受け取るのだということを信頼しましょう。

ピュタゴラスは真の冒険家だった……
ピュタゴラスは真の探求者だった。
ピュタゴラスは真のダイアモンド、真のエメラルドを収集した。
意識のダイアモンド、意識のエメラルドをだ。

ＯＳＨＯ『永久の哲学　ピュタゴラスの黄金詩』より

人生全般に作用する

軌道数

——それは決まったレールの上ではなく、
大きな可能性が広がった、
あなただけの道を進むこと

軌道数1の人たち

1

この人たちの人生の課題は、自立、革新、個人として在ることです。この軌道数は「人はそれぞれの道を生きている。そんな中であなたはどう生きるのか?」と問いかけてきます。そのため、彼らは自分の存在理由を明らかにしたがります。「どうすれば私らしく生きられるのか?」「私の使命は?」「この私という存在はいったい何か?」そして、究極的には、「私は誰か?」という問いかけをし続けていくことになるのです。

社会に対しては「自分の生き方」を主張し、できる限り自立の道を目指します。時には自己不振に陥ったり、がんばることに疲れてしまい、妥協して依存の道を選ぶこともあるでしょう。でもどちらに転んでも、「私は誰か?」という問いかけが消えることはありません。

女性の場合、専業主婦にはならないと言って自分の仕事を続けていくのはいいのですが、しばしばそれは反依存の姿勢だったりもします。また、家族経営の事業を継ぐ場合によくあるケースですが、肩書きは社長でも、実権は父親が握っているというのでは、子供の座から立ち上がることは難しいでしょう。

このような状況では、「私は自立していない」と自分を責めてしまいがちですが、ここで言う「自立」とは、シンプルに、いかに「自分らしく」いるかであって、経済的な自立を言うわけではありません。「自分らしく」いることができれば、あなたは自分の能力、肩書きや家柄などを他人と比較する必要もなく、誰かに遠慮することもありません。あなたはただ「あるがままのあなた」でいます。そしてそれこそが「自立している」ということです。

いつも他人と比較されているように感じたり、往々にしてリーダー役が回ってくることに重荷を感じたり、という体験がありませんか？　少し見方を変えてみましょう。もしかしたらそれは「あなたのいいところはどんなところ？」と尋ねられているということなのかもしれません。また、保守的な両親に育てられているとしたら、この軌道は、安全な檻から飛び出して「自分らしく生きるとはどういうことだろう？」と問いかけているのかもしれません。新しい視野で起こっていることを見つめてみてください。

彼らにとって、同じ軌道数を持った人との交流は願ってもないチャンスです。お互いが自立を目指しているという意味で、いい刺激を与え合うでしょう。彼らがもっとも苦手なのは、ストレートでないかかわり方です。うまい下手は関係なく、軌道数1を持つ人に対しては素直なコミュニケーションを心がけましょう。

あなたがこの軌道数なら、これまでの人生を振り返り、つまずいたり迷ったりした挙げ句に「いいか悪いかはわからないけれど、とにかくこちらに進もう！」と自分で決心したときのことを思い出してみましょう。そのとき、あなたは何を感じていて、目の前にはどんな可能性が広がっていましたか？　どんな人たちが周りにいて、あなたに何を言っていたでしょう？　あなたは確かにそこで、自分の決断で、新しい一歩を踏み出していたのです。迷いがやってきたときはいつでも、そのときのことを思い出すようにしましょう。

また、もしあなたがたったいま、「私のいいところなんてわからない」とか「したいことが見つからない」と消極的になってしまっているなら、そこに完璧を求める自分がいないか見守ってみることです。目標を高いところに置いたまま「私は不十分だ」と言っていたら、あなたのよさ、シンプルな「あなたらしさ」を見つけることはできません。第一、あなた以外の誰が、それを見つけてくれるというのでしょう?

たったいま、実際に立ち上がって、〝自分らしくいる〟かどうかを確かめてみましょう。体が前に傾いていたら、あなたは未来志向の状態。後ろに反っていたら、過去に引っ張られているということです。では、前後にも左右にも傾かず、肚に意識を置いてゆったりと立ってみましょう。その時あなたは「いま、ここ」という次元にいます。自然に視野が広がっており、自信に満ちています。これこそが自立であり、自分らしくいることです。

自分のサイズを感じてみてください。他の誰かになろうとか、自分を証明しようとして大きくなったり、相手を見上げて小さくなったりしてはいけません。あなたがあなたらしくいるとき、周りの人はあなたの存在感に惹かれて集まってきます。

軌道数2の人たち

2は、やわらかく、やさしいエネルギーとともに、「流れのままに進む」という質をこの軌道に運んできます。そのため、彼らはとても自在に、流れに乗って生きているように見えるでしょう。ところが、本人たちは「何事も思うようにいかない」「私の人生はまったく予測不可能だ」と感じているかもしれません。もしも軌道数が運んでくる課題が本人にとって簡単なことならば、何も一生かけて学ばないだろうということをおぼえておきましょう。

彼らは、けっして一カ所にとどまったままではあり得ない〝人生〟という川の流れとともに進んでいくことで、どのように自分をそれと調和させるかのレッスンをしているのです。流れに逆らったり、岸に上がろうとしてもがくのではなく、川の流れを信頼し、そして自分を信頼したなら、「調和」は自然に起こります。

人との関係性の中でも、彼らを取り巻くソフトなエネルギーをそのままにしていれば、この人たちはそこにいるだけで平和なエネルギーをもたらします。あるいは、彼/彼女がそこにいるだけで、人と人との間に自然なつながりができていきます。ところが往々にして彼らは必要以上のことをしがちです。対象が一人なら全エネルギーがその人に向かうし、大勢いればすべての人に親切に接していこうとするのです。最初はとてもいい感じなのですが、だんだんうるさく感じられてしまうのです。自分が落ち着かないからといって、外の状況を整えようとするのは間違いです。まず自分自身が心地よくいることが大切です。

2の人は平和主義的な傾向があるので、恋愛でも仕事でも、特定の人との関係性を保つことに困難さを見いだしがちです。基本的にみんなが好きなのだというスタンスで堂々といることができればいいのですが、ノーを言うことが何よりも嫌いな彼らは、押しの強い相手にイエスを言いながら、のらりくらりと別の相手との関係性も続けてしまうようなところがあります。彼らの課題は、他人と自分だけではなく、自分と自分自身の間にバランスを取ることです。

自分は世話焼きだと思っていたとしたら、そのことに悪い感情を持たないことです。呼び名を変えて「私は親切な人」と言ってみてはどうでしょう？　人生はあなたに、人や状況に耳を傾けることを学ばせようとしています。そんな中で、調和は自然に起こるのだということを。

「いい人」になる必要はありません。他人に心からかかわり、ケアし、やさしく接することができるのはすばらしいことです。けれどもそれが義務感からのものであれば、あなたのハートは脇に避けられてしまうでしょう。ハートの声に耳を澄ませ、それを信頼し、したがっていきましょう。時として、それは「ノー」と言うことだったりもするでしょう。イエスのスペースから正直にノーが言えたなら、それは肯定的なノーです。

たとえば、仲良しの友人からあなたが観たばかりの映画に誘われたとします。ここでもしあなたが相手に断るのが悪いという気持ちになったら、「その日は用事があって」などと言い訳をしたり、嘘をついたりなど、どこかストレートではない断り方になるかもしれません。でも、「ああ、残念。先日観たばかりなの。別の機会に誘ってね」と言ったら、その応答の中には「イエス」の質があります。

あなたは、不協和音を出している状況の中にいきなり放り込まれて、周囲を見渡し、「さて、私はここで何を求められているのだろう?」と自問したり、混乱したまましゃべりまくる相手の話に頷きながら、「私はどうしてこうなんだろう?」と天を拝んでいる自分を見いだすことがあるかもしれません。そんなあなたを受け入れることです。そんなあなたを愛しましょう。

あなたがただ耳を傾けてくれていることを無意識の次元で知っている友人は、やがては落ち着いてきます。何ひとつアドバイスもいらないし、手を貸す必要もありません。嵐はやがて去るのだというのを知りながら、その場を共有するとき、そこには愛が、温かさが流れます。

もちろん、あなたの中に「うんざりだ」とか「私はどうなるの?」という思いが出てきたら、すぐさま立ち上がって伝えましょう。「私はたったいま、私自身のスペースが必要です」と。誰にだって限界があるし、ここでもっとも優先されるべきは、あなた自身の心の平和なのですから。

そしてなおかつ、「ただ耳を傾け、ただそこにいる」ことからやってくる調和のエネルギーを上手に使っていくことがあなたの学びだということを知っておきましょう。

軌道数3の人たち

彼らは明るく、幸福な人生を楽しんでいるように見受けられます。または、いつもアップダウンを繰り返しているように見えるかもしれません。いずれにしても活発さが彼らの特徴的要素でしょう。まるで寝ている暇はないと言わんばかりに楽しいことを追いかけているかと思えば、突然燃料切れになって、ふてくされたり、落ち込んだり――いずれにしてもにぎやかな人たちです。

彼らにとって、何であれ感じたことをそのまま表現することは大切な鍵です。そしてそうであるからには、他人に感情をぶつけないように自分で処理することも大事でしょう。感情的になっている彼らには近づかないほうが賢明かもしれません。

うわさ話やネットサーフィンに何時間も費やすかと思えば、夢物語に自分を見失う傾向もありますが、実のところ、それが本当の望みではないことは彼ら自身がいちばんよく知っています。大切なことは、何をしていてもそこに創造的なエネルギーをかかわらせることです。心から楽しめることのほうに動いていくことで、むしろ創造性はおのずと生まれてくるでしょう。

時として、人生の大きな挑戦が彼らの目の前にやってくることがあります。金銭、関係性、病気や事故など、いわゆる現実的な問題に直面し、苦労したりすることもあるでしょう。そんなときにも、この軌道には「人生のあらゆる状況の中に喜びを見いだす」というテーマがあるので、往々にして、彼らは内なる勇気を集め、さあがんばろう！　というかけ声とともに立ち直っていきま

3

す。生そのものを祝福するという生き方を見せてくれる人たちです。そして、究極的には「幸福」を手にします。彼らの明るさは、辛さや悲しみを乗り越えてきたものであるからこそ、本物なのです。またそんなふうに人生で起こるすべてのことを貴重な体験として受け取ることができるからこそ、生の歓喜を味わえるということでしょう。起こることに対して、シリアスさからではなく、楽しさのスペースからかかわることが鍵です。

あなたがこの軌道なら、無邪気さ、創造性、祝福を人生の基盤に置きましょう。そしてその中核にまで降りていくのです。それはけっして難しいことではありません。けれども、世間一般で「楽しい遊び」「面白くて夢中になること」といわれ、「創造的な仕事」というレッテルを貼られているものごとの中には、単に空虚さを埋めるだけのものがたくさんあることを忘れないようにしましょう。

たとえば、四六時中手放せない携帯電話。友達とのうわさ話にエキサイトし、アプリの世界に浸ること。または、キスしたこともない相手とメールだけのやりとりで将来を語るなどの、行き先が見えない「関係性」。これらを注意深く見守ってみるとどうでしょう？　それらのすべてが「生」の表層部だけを横滑りするようなことで、あなたの頭の中だけで起こっていることだとしたらどうでしょう？　偽装の世界にいればいるほど、現実性から遠のきます。そして、そんな生活を人生だと勘違いしているとしたら、あなたはこの軌道のメッセージを見逃し続けるでしょう。そこにあるものをよく観察し、耳を傾け、手で触れ、その感触をつかむことです。このジューシーな生の息吹を全身に浴びるのです。

逆に、人生は楽しい！　私はラッキーだ。と言えるあなたは、この軌道のエネルギーがもたらしている要点を得ています。〝Life is not a problem to be solved, but a miracle to be lived（人生とは解決しなければならない問題の連続などではなく、生きるための神秘だ）〟という言葉がありますが、それはこの軌道のテーマそのものです。

どんなに辛い状況がやってきても、「これもまた過ぎ去る」というのをおぼえておくことは大きな助けになるでしょう。そして、幸福で楽しいときも、やはり「これもまた過ぎ去る」と自分に言い聞かせること。そうすることで、あなたは過去にしがみつかなくなります。人生はつねに変化しています。一瞬一瞬を楽しみ、それを祝福し続ける人生――なんてリッチなのでしょう！

それがあなたの学びだとしたら、両手を広げて「ウエルカム！」と叫びたくなりませんか？

あなたは子供たちや、何であれ創造的な活動をしている人びとと一緒に過ごすことでとても元気づけられるでしょう。彼らからその無邪気さ、表現する力を吸収できるからです。そして、創造的活動というのは、何も絵を描いたり歌を歌うことだけではありません。自分が楽しいと思うことをただ表現すること、あなたの好きな人のため、あるいは自分自身のために心を込めてお茶を淹れ、味わうこともあなたの創造性《クリエイティビティ》に他なりません。「あなたらしさ」を表現し、あなたの個性が作り出す独創的な世界を生きていきましょう。

軌道数4の人たち

シンプル・イズ・ベスト（普通でいることが最高なこと）というのが、この軌道のエネルギーのもたらす質です。もし私たちが、寝たいときに寝て、食べたいときに食べ、生の運んでくるものごとをいいとか悪いとかの判断なしにただ受け入れていたなら、どこに問題があるでしょう？

これこそ禅の世界の「すべてはただあるべき姿で在る」です。キリスト教や仏教、他のさまざまな宗教と違って、禅はどのような不純物も受けつけません。そこには聖典や教典がないのです。禅師はただ究極の真理を語ります。「楽なれば正なり、正なれば楽なり」。ものごとが楽に進んでいるとき、それは正しい。そして、ものごとが正しく進んでいるとき、それは楽しいということです。そして、この軌道の人たちの最たる課題は、禅の言う「ただ在る」を理解することです。そのため彼らは、つねに現実に向き合わされます。ものごとの本質を見ることを求められるのです。何が現実で、何が空想なのか？　たったいま起こっていることに目を向けたときに、「ただ在る」を見守ったときに、普通でいることがどれほど豊かなことかを理解するでしょう。

往々にして、彼らはその場にしっかりといます。たくさんの葉っぱが繁った大きな木はこの軌道にぴったりなイメージです。彼らを物語るひとつの逸話があります。

『ある日、数人の弟子を伴った禅師たちの一行が名もない村を通りかかった。禅師はふと足を止め、村の中央に立っている大きな木を指差し、弟子の一人に言った。「あの木がなぜ切られずにいるのかを村人に尋ねてごらん」。その弟子は頷き、村人のところへ行って禅師の言葉のまま尋ねた。村人は答えた。「この木は家具にするほど硬くもなく、燃やすとひどく煙を出す。役立たずなのさ」。弟子がそのことを伝えると、禅師は弟子たちに言った。「あの木のようでいなさい」。その木は家具にも燃料にもならない、役立たずの木だった。だからこそ、切られることなく、大きく葉っぱを繁らせた。そして、畑仕事に疲れた村人たちはその木陰で休むことができた。彼自身に与えられた〝あたりまえの役割〟を果たしたのだ』

この社会で成功することだけが人生ではないし、名声を得たりお金持ちになることがその人の価値を決めるわけではない、むしろ、コツコツと地道にものごとに対処していくことの中でもたらされる〝成長〟にこそ価値があるのだということをこの軌道は教えています。とはいえ、時には焦りや戸惑い、苛立ちや不安がやってくるのも自然なこと。でもそこで踏ん張る力を見いだしたときに、それなりの成果が見えることが、彼らをまた一歩前進させるでしょう。

忍耐がものを言う軌道です。あなたがこの軌道なら、理解しておくべき要点は、安定をどこに求めるかということです。数のパワーでも説明したように、もしもあなたがこの軌道のもたらす「安定」の質を外側に求めてしまったら、安定した関係性、安定した職業、安定したあれこれという具合に、自分の周りを「安全保障」で固めることになってしまいます。ところが、内側のくつろぎを知ることがない限り、あなたは本当のくつろぎを得ることはありません。したがって、「安全保障」がどれほどのものであったとしても、あなたは「もっと、もっと」と求めることになるのです。内側の渇きに気づきましょう。温かい日差しに、ふと大切な友人のことを思い出して目を細めるとき、頬に触れるそよ風が思いもかけない香りを運んできたとき、遠くに聞こえる子供たちのはしゃぎ声に唇の端をそっともたげるとき、そんな何気ない日々の出来事がどれほど「内面のくつろぎ」を与えてくれるかを見いだしていったなら、あなたはもはや何ひとつ、誰にも求めなくていいのだということを知るでしょう。

あなたが困っていたら、かならず手を差し伸べてくれる友人を何人か思い浮かべることができるでしょう。彼らはあなたのことをとても信頼しています。そして、あなたのほうもかならず彼らを助けるでしょう。そんなふうにあなたの交友関係は信頼に基づく、長くて安定した関係性に発展します。そして、もしあなたがそれを望むのなら、お互いに協力して生産的な方向性を見いだせる可能性もあります。

このことはあなたの軌道の「安定性」「落ち着き」「現実性」に関係しており、プラスやマイナスに偏らないという注意は必要ですが、往々にしてうまくいくようです。あなたがどのような状況にあったとしても、自分のすべきことを淡々とこなし、内面のくつろぎにチューニングしている限り、あなたの生は正しいほうに進んでいくし、正しい方向に向かっているのを感じているのは楽しいことでしょう。

軌道数5の人たち

5

いまここという次元、この瞬間に私たちは生きています。毎晩眠りに落ちるとき、それは小さな死です。目覚めるとき、私たちはまったく新しい1日を迎えています。その事実に気づきを向けていることが、この軌道の「一瞬一瞬をトータルに生きる」というテーマを可能にします。

彼らは何に対しても強烈さ《インテンシティ》を持ってかかわっていきます。中途半端ではなくトータルに、他人に、起こっていることに、そして自分自身にかかわっていくのです。

彼らには日和見《ひよりみ》主義的な人生はふさわしくありませんが、だからといって、革命的だったり支配的だったりする必要はありません。鍵は、たったいま、目の前にあることに全身全霊を注ぎ、体験し、それを生きることです。彼らがこの軌道をしっかりと生きているとき、その強烈さは周囲の人びとを魅了します。それはカリスマ的なエネルギーとも言えるでしょうが、彼らはその瞬間に他人や状況にかかわることがあっても、その関係性に取り込まれることを好みません。何らかの〝出会い〟が起こったとしても、基本的にお互いのスペースを尊重し、自由な関係性を保っていることが彼らと付き合うコツです。

この瞬間に全面的にかかわるというとき、そこにはエネルギーの無駄がありません。そして、全面的にかかわることに責任を持ってこそ、自由や自在性を手にできるのです。たとえば、ある人が壁のペンキを塗っていて、人に手助けを頼んだとします。ここで、いくつかの選択肢があるでしょう。ひとつは快くオーケーを言って、一緒に壁塗りを楽しむこと。手伝いたくてもそれができないとき、他の人の援助を受けられるように探してあげることもできるかもしれません。そして、その瞬間手伝いたくなかったら、はっきりと断ることでしょう。

どの選択をするにしろ、それをはっきりと伝えることで、相手の人は次の行動に進めます。そして、伝えた側も中途半端にその状態にとどまることなく、自由です。このことを理解したなら、彼らはそのエキサイティングな人生を謳歌できるでしょう。将来の約束などない、でもその場に真剣にかかわる関係性、未知の世界、冒険や挑戦のあるほうへと向かっていく人生です。

もちろんそこには危険も伴います。自分をどれだけ信頼できるか、そして、単に高揚感を得るためだけにあえて危なっかしいことに身を投じていないかなど、エゴを見張っていることも必要でしょう。またそこにはお手軽な興奮や自由を手に入れようとして、アルコールやドラッグ、性的な快楽や欲望の世界にのめり込む危険もあります。

さまざまな人生の局面で、この軌道は彼らに「トータルにいまを生きる」ことはそんなに安っぽいものではないということを何度も繰り返し、知らせてきます。不安や恐れからどれほど足踏みしていても、彼らはいずれそれを乗り越えて、真の自由を手に入れることになるのです。

恐れと興奮は同じコインの裏表です。エキサイティングな人生に向かっていくときは、かならず心臓の鼓動が高まります。興奮と同時に、恐れがやってくるのはとても自然な現象なのです。ジェットコースターがその頂上に達して、いまにも降りていこうとする瞬間、初めての発表会であなたの名前が呼ばれた瞬間、好きな人に愛を告白する瞬間、その瞬間、恐れは頂点に達します。その頂点を通り過ぎたら、あとはエキサイティングな体験が待っているだけです。こんなふうに、その瞬間の恐れは「新しい体験」への戸口であるだけかもしれません。

この軌道のあなたは若い頃から広範囲でいろんな可能性を見てきているでしょうが、あなたはけっしてマルチな才能を花開かせることを求められているわけではなく、むしろひとつのものごとにどれだけトータルにエネルギーを注いでいけるかを問われています。ひとつのことを徹底的に調査し、納得して次に進むなら、何も思い残すことはありません。

しかし、好奇心の赴くままにあれもこれもと手を出して、エネルギーをまき散らしてしまうだけだと、むしろ何ひとつ得られないかもしれません。いずれにしても、あなたは多くの、異なった文化を持つ人びとに出会い、吸収し、分かち合うことによって、自分の能力を高めてゆこうとします。あるいは、自分から動いていかなくても、人びとがあなたの元にやってくるでしょう。時として、それは小さな子供だったり、通りすがりのおばあさんだったりするかもしれません。

あなたのかかわり方次第でどんな人とでも〝出会い〟は起こり、誰からでも学ぶことができ、そしてお互いの「生」の体験を分かち合うことができるのです。

人生の鼓動が聞こえてきますか？

軌道数6の人たち

与える愛がテーマであるこの軌道を生きる彼らにとって、自分のハートの真実に気づきを向けていることは大切な鍵です。それができている人なら、他人の感情に巻き込まれたり、ものごとを個人的に受け取って、自分を責めたりすることもないでしょう。でも、自分のハートに尋ねることを忘れてしまっている人は、いともたやすく他人の人生を生きてしまうかもしれません。困った人をほったらかしにしておけないのです。この軌道の中には、「役立つようにいる」という質を持った「奉仕」のエネルギーがあるのは確かです。それはすばらしい質ですが、大切なのは、楽しみながらそれをしているのか、それとも責任感や義務感でやっているのかということです。その意味でも、自分自身を愛すること、そしてハートに正直に生きることを見つめていくべきでしょう。

往々にして彼らの関係性における悩み事は、相手を優先していることから来ています。自分の望みがわからなくなってしまうほどに、何をするのも、どこへ行くのも、相手次第なのです。しかも困ったことに、自分が一生懸命相手を思っているのだから、相手も同じだけのものを返してくれるはずという期待感が、彼らを苦しめます。自分のハートの真実——それは彼らにとって大きなテーマです。

相手に差し出しているエネルギーを内側に戻して、自分を養うことに意識を置く。そうしてこそ初めて健康的で発展的な関係性が生まれるのだということを理解すべきでしょう。

彼らの道の途上には、「美」にかかわるエネルギーが満ちあふれています。質のいいものに囲まれて生活をする傾向があり、そのことは彼らに本当の美しさとは何かを理解させます。それは「贅沢さ」よりも「質のよさ」であり、見かけよりも中身の問題です。物質的なものであれ精神的なものであれ、同じことが言えるでしょう。

さて、この軌道を持つあなたに尋ねます。あなたの愛する人を愛するように自分のことも愛していますか？　その人と同じくらい自分を大切にしていますか？　あなたがあなた自身を愛し大切にしている限り、人に尽くすことも、役立つようにいることも、すべて頭からではなくハートからやってくるでしょう。そして、ハートとハートが出会い、自然な結びつきが生まれるでしょう。そのときのあなたは、責任感や義務感から何かをしていません。より深い愛の結びつきが育まれ、人生は満ち足りたものになります。

先に言ったように、この軌道のテーマは、自分のハートに正直でいて、それに責任を取ることですが、そこに偽りや妥協があったとしたら、それもあなたの選択だということをしっかり見守りましょう。けっして他人のせいにしないこと。と同時に、「また妥協してしまった」とか「自分に嘘をついた」と言ってジャッジしたり、責めたりするのは間違いです。それをしている自分に気づいたときは、単にそこから出てくればいいだけです。

あなたの人生のレッスンは「与える愛」です。それをマスターしようとする前に、「そのままのあなた」に出会ってみましょう。恋人も仕事も、何であれあなたの心を奪う対象を少しの間、脇に避けて、自分自身を見つめてごらんなさい。あなたの愛の対象に求めているものは何かを注意深く見守るのです。鏡の中の自分に向かって尋ねましょう。「あなたは何を欲していますか？」。その答えは、言葉として浮かんだり、絵で見えたり、あるいは音として響くかもしれません。あなたの欲しているもの——それを本当に与えられるのはいったい誰でしょう？

そう、究極的にはそれを与えることのできる人はあなた以外の誰でもありません。私を愛してと言う前に、自分を愛すること。私を見てと言う前に、自分の内なる美を見いだしましょう。そうしていく中であなたは、ハートに正直でいることを学び、愛に満ちた状態というものを意識的に見守れるようになります。そして内なる充足があってこそ、満たされたハートから自然に愛があふれてきます。その自然で、飾り気のない、本物の愛は、人から人へ、ハートからハートへと伝わっていきます。あなたの求めている愛は、あなたから与えられ、あなたに戻ってくるのです。

美を愛するあなたの軌道は、あなたの人生に美的センスをもたらしています。その意味することとは、シンプルにあなたの人生が光り輝いているということです。日々の生活の中のおしゃれから人間関係に至るまで、優雅に、芸術的に、生きてみましょう。美を愛し、生を愛し、人を愛し……、そしてあなたにとっての究極のアートは、シンプルにあなた自身を愛で満たすことです。

軌道数7の人たち

目を閉じた瞬間、内側には無限の空間が広がります。そしてまた外側にも。吸って、吐いて、……少しずつ、そのスピードをゆるめながら、息を吸って、吐くを繰り返します。息を吸うとき、気づきを吸い込み、息を吐くとき、くつろぎを吐き出す……というふうにイメージしてみましょう。呼吸とともに内面に深く入っていくほどに、人は内なる豊かさの領域に近づいていきます。

6の軌道が他人とのかかわりなら、7は自分自身とのかかわりです。軌道のエネルギーは、より深く人生を探求する方向に彼らを引っ張ります。その内側に向かうエネルギーのために、彼らは近寄りがたい印象を与えるかもしれません。けれども同時に、どこか惹きつけられる、というのも事実です。周囲の人たちはけっして避けているわけではなく、むしろ機会があれば近づきたいのです。ところが肝心の本人が「避けられている」という否定的な思い込みをして、自ら相手を遠ざけてしまっているという状況をこの軌道の人たちによく見かけます。

自分自身を取り巻く軌道のエネルギーが何を伝えているのかを注意して見守ってみるなら、「独りでいる豊かさ」を思い出すことができるでしょう。お母さんのおなかの中でただただ滋養を得ていたあの期間、人は限りなく安全で、守られており、まったく独りの世界にいました。同時に、母親と、そして、この宇宙や存在全体とつながっていたのです。つまり「独りでいる豊かさ」とは、全体の中にいることを知覚することです。

7

同じ軌道数の人同士は自分が必要とする〝独りのスペース〟が容易に理解できるので、パートナーシップを作りがちです。仕事上でもプライベートでも、もっとも気楽に付き合える相手でしょう。ただ、気楽さだけを求めていては発展も成長もないし、人生の広がりはやってきません。どんな人といても、そのスペースをなくすことのないように、瞑想やさまざまな内観法を使って内側を見つめる時間を持つことが大きな助けになります。

あなたがこの軌道なら、あるひとつのことを試みてみましょう。10分間ほど、あるいは時間が取れるならそれ以上、目を閉じて静かに坐れる場所を見つけます。目を閉じたら、最初の10分間ほどは呼吸をただ見つめています。先に書いたように、吸う息と吐く息に意識を向けて、ただ呼吸を見ていると、だんだん気持ちが落ち着いてきます。呼吸がゆったりし、心が落ち着いてきたと感じたら、自分のハートに尋ねます。「私が必要とするスペースを取るために何が助けになりますか？　それを言葉や絵や音で示してください」。そして待ちます。

すぐにその答えが返ってこなくても、あなたの内なるハートは、眠っているとき、あるいは起きているときでも、耳を傾ける用意ができたときに、突然知らせてくれるでしょう。

この軌道のメッセージを理解することはあなたを大きく成長させます。寂しく、物悲しい独りぼっち《ロンリネス》のほうを向くのではなく、豊かな創造性に満ちた独りあること《アローンネス》のほうへと歩んでいけるように、あなたが必要だと感じるときはいつでも、自分のためのスペースを取りましょう。このことを無視していると、あなたの人生は、ますますあなたに独りでいる機会を運んできます。

そして、きちんと自分の必要なものをケアしている限りは、より肯定的に独りの豊かさを理解していけるでしょう。

なかにはこの軌道のエネルギーを楽しみ、独りの自由なスペースを満喫する人もいるでしょうが、往々にしてそのことに難しさを見いだす人のほうが多いのは、社会が教えてきた条件づけが「独り」に対していい印象を与えないことが関係しているのかもしれません。ふと「独りの寂しさ」を感じたときには、いい悪いといった判断をしないで、「なぜなのだろう?」と自分に問いかけてみてください。もしかしたらこの状況の中で何か学べることがあるのかもしれない、独りだからこそ体験できることがあるのではないだろうか、というふうに。

そして、自分の内側で起こっていることを注意深く見つめるのです。その「観照」を通して、独りあることの本質に近づけば近づくほど、あなたは惨めな「独りぼっち」の感覚を超えて、沈黙の中にある深い平安を感じ始めます。それをマスターしたからといって、他人と一緒にいられないわけではありません。むしろ自分のスペースを見つけたからこそ、他人といても邪魔されることがなくなるのです。

このレッスンは、エネルギーを外にではなく内側に向けていくことを教えています。

〝独りきりの広大で自由な空間〟——それは唯一あなたの内側にのみ存在するのです。

軌道数8の人たち

力《パワー》に対する社会通念が、支配力、統率力といった男性的なイメージであることと同時に、力だけでコントロールしようとする権力者に対する悪印象も手伝って、8という数に否定的な感じを抱いてしまう人がありますが、それは大きな間違いです。なぜなら、受容力という女性性の大きな力が見落とされているからです。

支配力と受容力、この2つが統合されたときに、本当のパワーが生まれます。多くの成功者を客観的に観察してみるといいでしょう。彼らの多くは、包容力があり、優雅で、人の話に耳を傾けます。周囲を包み込むことができるからこそ、人びとのエネルギーをまとめあげて、組織的に発展させることができるのです。そして、8のパワーの学びは、家族という小さな単位から、会社、団体、地域活動などより大きなグループに至るまで、大小に関係なく言えることです。

この軌道には、金銭や力にかかわるテーマがたびたびやってきます。たとえば、親が裕福だったり、社会的な有力者だったり、または遺産相続でまとまったお金が手に入ったという人がいます。かたや貧しい家庭に育って、お金に苦労し、欲しいものが手に入らなかったという人もいます。さて、どちらが幸せを手にするでしょう?

お金や権力のある人は、たいていの欲求を満たすことができるために、努力を怠り、人生の方向性が見えなくなるかもしれません。お金で苦労する人は往々にして努力し、忍耐力も身につけ

8

ますが、お金持ちに嫉妬したり、自分の人生をあきらめたりしがちです。そして、何であれ彼らがその状態にとどまったままだと、この軌道のエネルギーは、やさしく、そして力強く、そこから一歩出て、視野を広げるように促します。

突然財産をなくすというような目に遭ったり、逆に大金が転がり込んできたり、手が届かないと思い込んでいたような人生の舞台に立っている自分を見いだしたりといった出来事のすべての陰にあるメッセージは、「ここでひるまず前進するように」ということです。そして、そうであるからには、自分が求めているものが何なのかに気づいておくことが大事でしょう。同時に、お金や力に対してどのようなアイデンティティを持っているかを知っておくことも役に立ちます。

たとえば、「お金はきたない」「お金は危険だ」など、「お金」に対する特別な思い込みを持っている人、「権力者には逆らえない」「力を持ってこそ望んでいるものが手に入る」といった考えがあったとしたら、それが人生のどんな体験からやってきているかを見つめてみることです。

ビジネス上の取引の陰にある精神的な圧迫感を体験したり、関係性の中の権力争い《パワーゲーム》に巻き込まれたりすれば、自然に力に対する嫌悪感を持つようになるでしょう。

お金を失うことへの恐怖ばかりでなく、持ちすぎることへの抵抗など、その根源の多くは、両親や身内の中で起こったことだったりもします。そして、そういう一面だけで「力」や「お金」に対する思い込みを持ってしまうのは不幸なことです。

根源を知れば、もっとそれに対してリラックスしていられるし、自らが持っているパワーをもっと活かしていけるのです。

この軌道は、欲しいものを手に入れることを促します。お金も権力も欲しいだけ手に入れるべきなのです。欲望を満たして初めて、それらが本当の渇きを満たすものではない、ということに気づくことになります。実のところ、そこからがこの軌道の本当の学びなのです。だからおぼえておきましょう。あなたがこの軌道なら、金銭、力、組織力――これらのすべてが人生の課題だということを。

組織の中で、自分の立ち位置を見つけることに苦心したり、上下関係において、果たして私はこの人たちといて成長するのだろうか？　と自問することがあるかもしれません。とてもいい問いかけです。あなたがコントロールしていく立場の場合も、つねに「これが自分の欲していることか？」と自分自身に問いかけることでしょう。それはあなたの方向性をより明確にするとともに、あなたの本来持っている能力を高めることにもなります。

ここにあるレッスンのすべては、積極的な男性エネルギーと、受容的な女性エネルギーのバランスを学ぶことです。この2つが調和の中にあるとき、あなたはあらゆる状況の中で余裕を持って機能していけるでしょう。やがては、「これ以上欲するものは何もない、ただ私らしくあること以外に」という境地にたどり着くときがやってきます。そして、それこそがあなたが本当に望んでいる「充足」なのです。

軌道数9の人たち

この軌道には、1の自立、2の調和、3の創造性、4の安定、5の自由、6の愛、7の英知、8の力、これらすべての要素がバランスよく含まれています。他の軌道が赤や青といった単色で表わされるのに対して、9はよりカラフルで、それぞれの色がパレットの上で混ざり合いながら、一瞬ごとに新しい色を作り出すのを眺めているような、あるいは、オーケストラでいろんな音色がハーモニーを見いだそうとして重なり合い、大きくなったり小さくなったりするのを耳にしているような感覚をもたらします。

人生という限りない創造性がもたらすリソース（資源）は、彼らを一定の場所にとどまらせることなく、次から次へとより大きな可能性のほうへ向かわせます。この人たちがより広い視野を持って、より多くのことにかかわろうとするのも頷けます。

彼らの人生のテーマは、存在が運んでくるものを信頼し、自分を明け渡すことです。無自我でいることを求められているのです。そして、そのために、ともすれば福祉や環境問題など、世の中のあらゆる「問題《トラブル》」の方向に首を突っ込みすぎる傾向があります。自分の生活を犠牲にしても人助けをする――確かに立派なことかもしれませんが、あなたの面倒を見るのはあなた以外にないということを自分自身に言い聞かせることが必要でしょう。

人を助けるのは、最終的に本人自身です。他人ができることは、単にその人が自力で立ち上がろうとする方向にサポートし、それを見守っていることだけなのです。

その意味で、同情と慈しみの間にある微妙だけれども大きな違いに気づくことが要点だと言えます。同情の中には「助けてあげている」という〝あなた〟がいます。それは無自我の姿勢ではありません。感情移入し、相手の人生に巻き込まれていく可能性が強まります。そしてそれを何か美しいことだと勘違いしてしまいがちでしょう。慈しみは無自我のスペースからやってくる、非個人的な愛の形です。それは、自分を〝存在に明け渡している〟ことからやってきます。相手に巻き込まれてはおらず、クールで、目覚めています。

一見すると同情のほうが親身に相手を思っているように見受けられますが、巻き込まれている分、そこにある現実が見えていません。慈しみは目覚めています。起こっていることの全体が見えているので、より的確な手助けが可能なのです。それは、目の不自由な人と手をつないで一緒に歩いていこうとすることと、そばで寄り添って、彼自身が転びながらも自分で道を見つけていくのを見守っていることとの違いでしょう。一緒に歩いていこうとする人は、つねに彼を自分のそばに置くことになるだけではなく、その人自身が歩こうとする力を奪ってしまいます。けれども、しっかりと彼に寄り添うなら、彼が自分の足で歩き始めたときの喜びは倍増するのではないでしょうか?

あなたがこの軌道なら、多くの異なった分野の人たちとかかわる傾向を持つでしょう。そのため、あなたはいろんなタイプの人を見分ける能力を身につけていきます。また、ほとんど抵抗なく相手から学ぶということをします。ゆえに、人びとはあなたのことを信頼し、あなたといることを心地よく感じるでしょう。

相手から求められることが多いため、あなたはほとんど無意識に自分のスペースを差し出したままにしています。寛容な精神とともに、自分自身を提供しているのです。軌道数2の協調性と似ていますが、彼らが人と人の間の懸け橋になろうとするのに対して、9はその場にいるすべての人が平和でいることを願います。一人ひとりにかかわるよりも、みんなに目を配ります。自分がなくなるのは当然でしょう。

「自分がわからない」という気持ちになってきたら、それをあなたの無意識からのメッセージだと受け取ってみましょう。それは「私自身に目を向けて！」という知らせなのです。そんなときには、自分自身のための時間を十分に取ってあげましょう。長期の瞑想リトリートに参加したり、小旅行で息抜きすることは大いにサポートになります。

「慈悲の心」と「非個人的な愛」が、人生の学びの核心だといわれますが、すべての人を愛するなどと言うと「それは自我を超えた人だけに言えることだ」という声が返ってきそうです。確かにそれはたやすいことではないでしょう。けれども、あなたにとってはそれが学びであるがゆえに、人生の途上で何度もそのテーマに直面することになります。試し続けてみましょう。これがあなたに与える「理解」が大事なのであって、できるかどうかが要点ではないのです。

軌道数11の人たち

高次のエネルギーを含むマスターナンバーのひとつである11は、足すと2になることから、2の意味合いも含むことになります。どちらも繊細な直感的エネルギーで、調和をもたらしますが、あえて違いを言うなら、2が人と人との間に橋を架けるのに対して、11は人と高次のエネルギー。目に見えないサイキックな体験や不思議な出会いがあったとしても、それはたとえば、土を耕したときに偶然見つけるモグラやミミズなど、地中の動物との遭遇と何の違いもないということです。ただ、他の人がそのモグラを見落とすときでも、彼らはその存在を感じるでしょう。植物であれ動物であれ、そこに生命を持つ存在がいるとき、彼らはそれを肌で感じます。そして、その感性の豊かさにもつながるある種の能力は、現在のスピリチュアルブームも手伝って、多くの場合、彼らをエネルギーに働きかけるワークに飛びつかせています。それはそれでまったく問題ないことなのですが、ここで見落とされがちな罠がいくつかあります。

ひとつは、自分自身の繊細さをケアしないために、過敏症の方向に偏ってしまい、結果として、状況や他人にあまり深くかかわろうとせず、薄皮一枚のところで生きてしまうこと。2つ目は、スピリチュアルエゴ（＊注6）という、本人自身も気づかないくらい巧妙なエゴの虜になり得ること。いずれの場合も、精神性に偏りすぎて現実の世界を忘れることのないように、玄関とトイレの掃除は毎日怠らないことです。また、この繊細さをより自分自身のあたりまえの生活の中に活かし、豊かな感性を創造的な方向に向けていくことを心がけることが大切です。

彼らにとって、できるだけ多くの時間を平和で落ち着いた環境で過ごせるように工夫することは大事なことでしょう。喧噪の中で心の平和を見いだすのは至難の業です。内面の静けさを保つためには、自然の中で坐って、木や花々のエネルギーを吸収し、大きな深呼吸をする時間を作るよう心がけることです。瞑想やヨガの時間もいいでしょうし、意外に見落とされがちですが、熱狂的にコンサートで踊ることや、激しく体を動かす運動競技に参加するのもリチャージのいい方法です。

あなたがこの軌道なら、まずおぼえていてほしいことは「繊細さ」に対していい感情を持つべきだということです。時々それを弱さだと解釈している人がいますが、とんでもない誤解です。繊細であるということはそれだけ意識的でいるということです。過敏症とは意味が違うのです。ただ、あなたの繊細さを大切にして守ってあげることは大事です。

たとえば、体力的にも精神的にも自分の限界を知っていることもそのひとつですし、罪悪感なしにそれを表現すること、そして必要なサポートは遠慮なく受け取ることなどです。いろんな側面から見て、あなたには体の声に耳を傾けることが必要だと言えるでしょう。体は嘘をつかないし、いろんなメッセージを送ってくれます。疲れたときは休む、元気なときはがんばる――体の調子にしたがうのがいちばんです。

近くの公園や散歩道の途中に1本の木を見つけてください。その木に触れて、その木を感じ、対話してみます。木と友達になることです。シンプルに「木」のエネルギーと同調することで、あなたは木のエネルギーを受け取り、あなたのエネルギーを「木」に送っています。何度か繰り返していくうちに、あなたが近づいただけで「木」があなたを認識するのをあなたも感じることができるようになるでしょう。それはその木にとっても、あなたにとっても、大きないやしになることです。そして、同じような態度で人びとに接していくことができれば、あなたの繊細さはもっともいい形で活かされていきます。

あなたの軌道には豊かな感性が満ちているため、何か創造的な仕事にかかわると喜びが得られます。また日頃から芸術的なものに惹かれたり、アーティストとの交流が育っていくのも不思議なことではありません。感性を育てることに意識を向けると、あなたのハートをワクワクさせ、幸福感をもたらします。反対に、極度な緊張、無感覚、無感動をもたらす状況は極力避けることです。エナジースポットを訪ねたり、繊細さを分かち合える人たちとは積極的に交友関係を築いていきましょう。

（＊注6）普通のエゴとの間に違いがあるわけではないが、スピリチュアル（精神性）ということで、何かを超越していると感じてしまう自我のことを言う。人望を集めるようになってくればくるほど注意を向けるべきこと。

軌道数22の人たち

　もうひとつのマスターナンバーである22の〝マスタービルダー〟という呼び名を直訳すれば〝建築家〟ですが、単に建造物を建てることではなく、天と地、大宇宙と小宇宙、上にあるものと下にあるものを結びつける力というふうに説明されます。11はその豊かな感性ゆえにすばらしいクリエイティブなアイデアを次々に見いだしていきますが、22はそれを根づかせる力です。いわば、11は空高く舞い上がり、22は地中深くに潜るのです。

　この軌道のエネルギーが何であれものごとを根づかせる方向に引っ張るため、彼らはなかなか最初の一歩が踏み出せず、いつまでも足踏みしているように見えることがあります。けれども、逆に彼らが一歩踏み出すとき、それは大きな前進になります。一つひとつのものごとが根づいていくための物理的な時間が費やされているのだということに気づきましょう。そのことに信頼を持ち、忍耐強くいることが大切です。

　また、この軌道はさまざまな人生の課題を投げかけてきます。生の不合理や不思議さ、そして、いったい何が現実かといった問いかけなどです。まるで日常のさまざまな出来事をふるいにかけて、最後に残ったことだけに注意を向けるようにと促しているかのようです。そのため、彼らは普通の人生観を持たず、つねに何か大きなことを考えているか、反対に世の中に対してまったく無関心かもしれません。今日何をして楽しもうかということよりも、自分の人生全般にどんなふ

22

うにかかわっていくかのほうに意識が行きがちです。そして、その問題の大きさにしばしば無力感に襲われ、「一人では何もできない」と言って、ため息をつくかもしれません。

22を足して一桁にすると4なので、彼らにとっても、人生のテーマは4の、内面のくつろぎに関係しています。自分がくつろがない限りは、社会を変えようとしても何も起こらないということを理解すべきでしょう。内面にくつろぎが見いだされたなら、そのとき、彼らの中で大宇宙と小宇宙がつながります。それこそが彼らの求める〝究極の出会い〟です。日頃から静かに目を閉じて座ることは大きな助けになるでしょうし、木を切り、水を運ぶといったシンプルな禅的作業は動きの中の瞑想というものを理解させます。

特にこの軌道の人たちは、瞑想なくしては生きていくのが辛いでしょう。自分の肚を見守っていないと、意識が宇宙に引っ張り上げられるからです。ピュタゴラスの言う「力の法則」に乗っ取られないように、「必然の法則」に対してもしっかりと気づきを向けていることが大切です。

意識的であれ無意識的であれ、22はつねにより大きく、より幅広く、と意識の領域を広げていきます。妥協することなく、コントロールなしに、未知の世界に踏み込んでいくのです。そのことに気づいていればいいのですが、意識していないと、自分のいる場所がわからなくなったりするかもしれません。

通常の生活の中では、宇宙の彼方の出来事や、地球規模のプロジェクトなどに触れるチャンスは本当に乏しいものです。自分の軌道にやってくる多大なエネルギーをどう使えばいいのかと悩むかもしれません。けれども、基本的には4の〝内面にくつろいでいること〟のためにそのエネルギーを使うことが要点です。内面がくつろいでいなければ、あなたの見る世界は混沌でしかないでしょう。

あなたがただあるがままでいるとき、あなたの目の前の現実は、まったく違った質のものになります。そして私たちは一人ひとりまったく違った世界に住んでいます。それぞれが見ている世界に住んでいるのです。どんな世界に住むかは、あなたの選択です。社会を変えるのではなく、あなたが変わることで、この社会は変化していきます。そして、自分が見ている世界、その現実にどうかかわるのか——その責任は、あなたにではなく、私たち一人ひとりにあるのだということを知っておくのは役に立つでしょう。

私たちの体の細胞は60兆個あるといいます。そして毎日その20パーセントが死んで、補われます。ちょっとイメージしてみましょう。60兆個の細胞の一つひとつが呼吸しているのです。それらの細胞は、周りの組織液から酸素と養分を取り込み、二酸化炭素などの不要物を組織液に捨て、化学的な変化によって活動するためのエネルギーを得ています。そして、そのエネルギーは私たちの生きていく力——生命力となって、私たちに一歩を歩ませます。それ自体が神秘であるこの肉体に感謝し、そこから世界に目を向けるなら、あなたの目の前にはどんな風景が広がっていくでしょう？

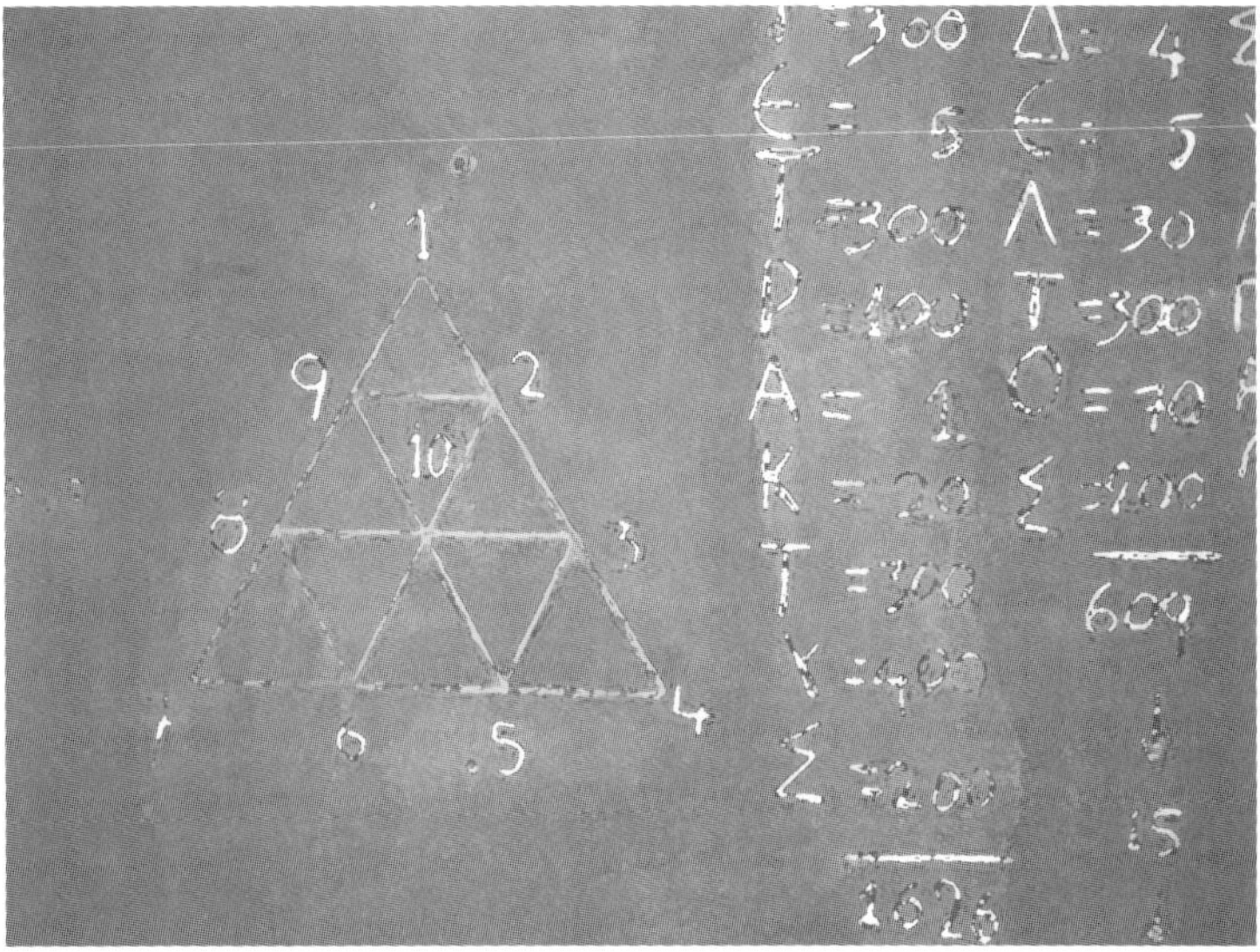

動機づけの力である

ハート数

——真実の声に耳を傾けて、

あなたの魂が行きたいところへ行き、

したいことをさせてあげること

ハート数1の人たち

この人たちは、彼らの立っている場所、周囲へのかかわり方をつねに確認しています。隅っこに隠れているのではなく、出来事の中心にいることによって自分自身を認識するほうです。ゆえに、「あなたならどうするか？」と尋ねられると自然に顔がほころぶでしょう。彼らはけっして他人や状況をリードしたいわけではなく、単に自分らしくいることへの必要性に刺激を感じるのです。なかには自分の意見を言わなければならない状況に置かれると、手に汗するという人もいるでしょうが、そのハートの奥には、あるがままの自分を表現したいという強い切望があることを見守ってみましょう。

最初はやる気満々で新しいチャレンジに向かっていくのに、途中でそれを放り投げてしまい、なかなかゴールに達することがないということを繰り返している人は、ちょっと立ち止まって、そこにある動機づけを再調査してみることです。

あなたの内側にはいろんなパート（部分）があります。「新しいもの好き」のパートが〝いつものパターン〟で機能していないかどうか？　あるいは、「自信が持てない」と言って防御してしまうパートに気づいたら、「自信を持つために何が必要か？」と自問してみることです。どんなことがその助けになるのかが見えてくると、地中の種が正しい滋養を得るようにして、あなたの中に強さが芽生えてくるでしょう。

1

強烈な独立心を持っているかと思えば、傷つきやすくもあるなど、あなたの不安定な側面をそのまま受け入れることも大切です。独立している人が涙を流さないわけではないし、繊細であることはけっして弱さではありません。まっすぐに伸びる1本の竹をイメージしてみましょう。竹は、地中にしっかりと根を張っているからこそ、空高く伸びて、強風が来てもしなやかに揺れることができます。しなやかさと強さがバランスよく保たれているその感覚を内側に感じてみることです。そして同時に、不安定になるときがあっても、それもまたオーケーなのです。このようでいなければならないという思い込みは捨てていきましょう。

あなた自身がそれを求めているため、中心の定まった人に惹かれます。人間関係において、彼らとの関係性の中で有力な協力者になるか、あるいは力のある人の助けを得ようとしますが、その行動力、直接的で裏表のない態度は、周囲の人にさわやかな印象を与えるでしょう。とはいえ、1の基本的な探索は自分自身の生き方にかかわることであり、他人との関係性の中にあるわけではありません。この要点を逃していると、自分の中心を見失い、結果、誰かに頼らなくてはならないような思い込みを持ってしまうでしょう。

ここで、相手のエネルギーに引っ張られるがままにしたり、もたれかかってしまったら、あなたらしさは見失われてしまいます。彼らと同じクオリティを自分の内面に見いだすことです。強く、しなやかな竹の1本1本がしっかりと根を張っている竹林を思い浮かべてみましょう。それらは何の迷いもなく、空に向かってすっと伸びています。風が吹くと、高く伸びた竹はギーッという音を出します。また擦れ合う葉っぱも耳に心地よく、清々しさを運んできます。絡み合っている竹を見ることはほとんどないに等しいですが、それはその茎が肥大成長をしないという特質を持っているためでしょう。与えられたままの自然なサイズでいるというのはなんて楽なことでしょう。

恋をすると、その中で完全燃焼したいと望むほうなので、すぐに親密な関係性を作りがちです。中途半端は好まないでしょう。相手が怖じ気づいて逃げ腰になると、ますます前のめりになるという傾向に気づくことです。そのことに悪い感情を持つ必要はありません。あなたを両手でしっかりと受け止めてくれる人が現れるまであきらめないことです。いずれにしても、あなたの恋は、あなたの望みをはっきりと口にすることで幸運の方向に向かっていきます。

反対に、自分の願望に妥協したり嘘をついたりすると、自分らしさを大切にするあなたのハートは単に傷つくだけではなく、そこにある偽りの姿を見破って反抗します。他人にだけではなく自分にまで嘘をつくなんて！　それなら、とことん嘘をついてみようじゃないかとでも言わんばかりに、嘘の上塗りをしていくのです。

「どうせ私なんか」「誰も私を愛してくれない」といった言葉を繰り返している自分を見いだしたら、そのずっと奥に隠れている「傷ついている私」に耳を傾けましょう。そして尋ねてください。「私が本当に望んでいることは何か？」と。

ハート数2の人たち

やわらかく、親切で、親しみのある彼らのかかわり方に対して、たいていの人はうれしく感じるし、心地よく受け取るでしょう。でも、それを「お人好し」などと言って受け取らない人もいるかもしれません。それらは受け取る側の問題ですが、2のハートは相手がどうであれ、つねにハートからかかわろうとします。

彼らは単なる世話好きではないし、救済活動に燃えているわけでもありません。何か特別なことをもたらそうとしているわけではなく、単に平和で、調和の取れたバイブレーションを運んでくるだけです。そして、彼らの側からすると、その場にいる人びとがくつろぎ、楽しんでいてくれることが、彼らを幸福にし、その充足感が全体の波動となるのです。

このハートの切望は、生の川の流れに沿って流れていくことです。それは小川を流れる1枚の木の葉のようでもあるし、大河に浮かんだ1艘の船かもしれません。どんな川を流れていくにしろ、その流れは急に激しくなったりゆるやかになったりするでしょう。水が淀んでいることもあれば、清らかなこともあります。

彼らの関心は、川がどのようであれ、その川を信頼し、いかに流れていくかです。水面を行く木の葉は何にも抵抗していません。すいすい流れているかと思えば、くるくる回ったり……大きな石にせき止められても、水の力に押し出されて、やがてはふたたび流れ始めます。そして、こでの要点は、川に〝流される〟のではなく、その流れに〝乗っている〟ことです。

献身的で、奉仕の精神を持つそのハートは、サポートが必要な相手や状況に対して、いつでも手を差し伸べようとします。また、女性的なやわらかさと、親身に耳を傾けるという受容性ゆえに、受け身になることが多いようです。だからこそ、自分のスペースを守っていること、境界線をはっきりすることが何よりも大切です。そうでないと、オープンで、人に役立つようにするというそのハートは、ともすれば、愛のために何もかも明け渡したくなったり、他人を通して自分の人生を生きたいという憧れを持ったりします。でも実際には、そのようなことは不可能です。屋根を支える2本の柱がひとつになってしまったり、もたれ合っていては、ちゃんと支えることができないばかりではなく、余計な力がかかります。そして、それぞれがまっすぐに立っていれば、実のところ支えるための力は必要ないということを見守ってみましょう。

二人以上の恋人の間を行ったり来たりするとか、結婚後に新しい恋をして悩むという傾向も、基本的には「求められることに応えたい」という強い欲求から来ています。と同時に、相手には心底尽くそうとするので、何かと関係性のトラブルがついて回るようです。そんなときは、まず一人の時間を取って、自然の中に座り、自然の声に耳を傾けることです。あなたは関係性の中の何にコミットしようとしているのか？　誰に対して責任を持とうとしているのか？

それを頭で決めようとせずに、ハートにいて感じてみることです。何もせずにゆったりいるだけで、あなたは自然が与えてくれる滋養を吸収できる能力を持っていることをいま一度思い出しましょう。その滋養で満たされていればいるほど、あなたのハートがより豊かになっていくのがわかりますか？　あなた自身が満たされるとき、その充足感は徐々に周囲に広がっていきます。あるがままのあなたの、調和に満ちたやさしさ、温かなハートを見失わないことです。

また、あなたは目に見えない大きな力や、魂の本質を感じ取ることのできる繊細さを持っています。サイキックな体験をしたり、ものごとに敏感なのはそのせいですが、それがどれほどあなた自身のリソース（資源）になっているかを見守ってみましょう。

〝魂の本質〟と言うとき、それがあなたにとってどのような意味を持つにしろ、あなたにとって何か大切なものを指している感じがしませんか？　それを感じたときに、内面の奥深い部分がくつろぐはずです。それを「信頼」とか「愛」という言葉に置き換えることもできるのかもしれません。あるいは〝目に見えない大きな力〟に対しても、それが何も特別なことではなく、庭先に突然咲いた小さな花に出くわしたり、大空を染める夕陽に息をのんだりする瞬間など、日常の小さな出来事の中に存在することをあなたは知っています。

あなたが気づいていないことは、それらがどれほど〝あなた自身〟に滋養を与えているかです。

ハート数3の人たち

創造性こそが彼らのハートを動かすもっとも大きな力です。この人たちは、恋愛であれ、仕事であれ、自分が心から楽しめることでなければエネルギーを注ごうとしません。仕事に対しても恋愛に対しても、妥協する関係性ではなくつねに発展を求めます。同時に、彼らは途方もなく愛を与えることができます。内に秘めた豊かさが創造性となって、愛の対象に限りなく降り注ぐのです。

ここにある危険は、与えることにあまりにも夢中になるために、その対象をほとんど崇拝してしまったり理想化してしまうことです。人間でもペットでも、たとえ想像上の存在であれ、それが愛の対象である限り、すべては「最高のもの」であり、絶対的な存在になってしまうのです。そして、理想と現実のギャップに幻滅します。その対象は彼らの夢の中であまりにもすばらしいために、そこに自己を同化させてしまい、肯定的であれ否定的であれ、夢の中のお話ができあがります。そして、現実の相手や実際にその状況の中で起こっていることが見えなくなるのです。それはお互いにとって不幸なことです。

2の問題点が依存であるのに対して、3の場合は対象を理想化する点です。でも、ここから発展させて考えていくと、3は愛の対象があることでいきいきしてくるのですから、そのときに、相手ではなく自分に気づきを向けてみれば、自分がどうしたいのかがわかるはずです。

3

あなたは基本的に、本来の自分をただ楽しみ、人生を祝福したいだけではなかったでしょうか？　相手を理想化する必要などないのです。夢の中のヒーロー／ヒロインになるよりも、肌で感じ、手に取ってわかる体験を〝生きる〟ことがあなたの本当の望みだということを見守ってみることです。

いきいきしたエネルギーいっぱいの彼らにとって、仕事でも恋愛でも、創造性のエネルギーに焦点を合わせることはとても大切です。また、それを妨げる破壊的パターンがやってきたとき、即座に肯定性のほうに意識を向けることも大切な課題です。たとえば交際中の相手に好きな人ができたとします。きっとあなたの多大なエネルギーは爆発するでしょう。元気のいい人なら嫉妬心から相手に怒りをぶつけるかもしれません。抱え込むタイプの人は、どうせ私なんかと卑下するでしょう。いずれにしても、それらは自分の価値を下げることです。ここで創造的に捉えるとしたら、〝あるがままの自分自身でいる〟というところにチューニングすることです。自信を持ち、胸を張って言いましょう。「あなたが誰を好きになるにしろ、私は私でいます」と。

もしそこで「可哀想な私」を演じてしまっている自分を見いだしたなら、その繰り返しのパターンから何ひとつ得るものはないのだということをいま一度よく見守ってみることです。蜜を探して飛び回る蝶は、頭を垂れている花ではなく、凛として花開いている花のほうに飛んでいくでしょう？　それはとても自然なことです。

創造性はもっとも偉大な動機づけの力です。これまでの人生のハイライトの瞬間を思い出し、それらを短い文章にしてみましょう。『南の島で満月の夜に海辺を散歩したとき、波打ち際に足を入れるとキラキラ輝く虫がいました。ヤシの木には夜光虫がいて、空には星が輝き、辺りは本当に光の世界だったのです』。こんなふうに文章にするとき、あなたは自分の体験を表現するための言葉を探します。あるいは、それを絵に描いたり、歌を作ったりできるかもしれません。またはは体のどこかに〝温かさ〟や〝広がり〟を感じるかもしれません。それを感じて、表現しようとするときに、この創造性が働きます。

日々の生活の中で、創造的でいると同時に、実際的に行動することをあなたのアプローチにしてみることです。幻想や空想は何も悪いことではありません。夢見るときもあっていいし、それは自然なことです。ある意味、そこからこそ創造性は生まれるとも言えるでしょう。要点は、夢を現実にするために創造性を使うということです。そうすることで、人生はより豊かに、明るく輝き出します。将来に何かいいこと／悪いことが起こるかもしれないと想像しながら生きていくとしたら、それはまったくエネルギーの無駄遣いです。人生が少しも好転しないと言って嘆いている人たちは、自分がどれほど夢の中に生きているかを見つめるべきでしょう。

ハートの奥深くにある、明るい光にチューニングしましょう。その太陽の明るさがあるかぎり、あなたの行くところに花が咲き、鳥が歌い、心地いい風が吹いてくるでしょう。純粋な〈生〉を祝福するハートを見守っていましょう。

ハート数4の人たち

普通《オーディナリネス》であることこそ、彼らがこの人生から本当に得たいと望んでいることです。人生はかならずしも幸福な出来事の連続ではありませんが、大変な時期があっても、その体験から何かを学ぶことが成長をもたらします。彼らにとっては、普通《オーディナリネス》であることから信頼がやってきて、何であれ起こっていることに対して、〝これでいいのだ〟という確信を持つことのできる方向性が見えてくるのです。時には不安や恐れから、その信頼が揺らぐことがあるかもしれません。そして、内側の信頼が減るほどに、外側の保証にしがみつこうとする心《マインド》が出てきます。

生活の保証や安定性を得ようとする気持ちがエスカレートしてくると、銀行の預金通帳や保険証書を金庫に閉まって厳重に鍵をかけ、欲しいものも我慢しながら、預金の金額が増えることだけが楽しみとなってしまいます。あるいは、誰かとの交際が始まったばかりだというのに、その関係性が一生涯続くものであるという確証を求めようとします。どんな結果になるかは想像がつくでしょう。

もしあなたが「恋人が見つけられない」というレッテルを自分に貼っているようなら、自分がどれほど愛に生きる準備ができているのか、どれくらい多い／少ない冒険心を持っているかを見つめてみることです。好奇心旺盛で次から次に新しい対象に目が向くような相手はまず初めからあなたの眼中に入ってこないかもしれませんが、そういう人との交際に飛び込むことができたら、あなたの視野が広がるという意味でとてもいい体験になるはずです。もちろんあなたが好む「落ち着いており、親近感を与えてくれるパートナー」を選ぶことはまったく問題ではありません。

どんな人にも自由はあるし、安定しているときもあれば冒険したいときもあるのだということを認めることは大切です。嫉妬や独占欲で何としてでも相手を自分のそばにとどめようとするとき、あなたは多大なエネルギーを注ぐことになりますが、同じエネルギーを内なる安定性を見いだす方向に使ってみることです。あなたの内面が安定していればいるほど、相手は離れていかないということがわかるはずです。嫉妬や執着ゆえの惨めさを認識している人は、もしかしたら、自分自身の執着心に心を悩ませているかもしれません。

その執着心の奥に何があるかを見てみましょう。

怒りがあるとしたら、その奥には不信感があるかもしれません。そして不信感の奥には悲しみや不安が見つかるかもしれません。こうして見守っていくと、誰かに裏切られた体験や、見捨てられたり傷ついたりした数々の体験が見えてくるはずです。その根っこにあるのは、「安定が欲しい」という素直なハートです。

信頼こそが鍵だということをいまこそ理解することです。あなたの望みである心の安定とは、実のところ、外部からやってくる安全保障で得られる「安心感」ではなく、本来の自分自身の〈生〉そのものの中にある信頼からやってくるくつろぎを指しています。本末転倒にならないように、瞑想なり内観法なりを使って、内側に落ち着くためのエクササイズを心がけましょう。

あなたは、意味のある仕事を望んでおり、生産的であることに深い衝動をおぼえる傾向が強いはずです。自分の蒔いた種が確実に育っていくことを好み、忍耐強くその目的に向かって進みます。ひとつの分野でそれなりの功績を残すことも多々あるでしょうが、ここにも執着の問題があります。花が咲いて実が育ったときに、うまく後継者に手渡すことを学ぶべきです。

愛の関係性で言うと、生真面目で仕事熱心なパートナーを選ぶ傾向がありますが、「この人と一生を通じてともに何かを築いていきたい」という気持ちが出てきたときには要注意です。そう言ってしまうことで、相手にしがみつこうとしていないかを見守りましょう。あなたが内なる安定を保っている限り、純粋に、そして自然に、2人は何かを築いていくのだと信頼することのほうがずっと大切です。

最後にもう一度言います。あなたの真の満足感は、現実の生活の中で、普通であること《オーディナリネス》のアートを見いだすことから得られます。「安定」に気を取られて、いま起こっていることの楽しさや、悦びを忘れてしまっては何にもなりません。

原っぱで草花を摘んで歩くとき、あてもなく電車に乗って、あるいは車を運転して、行きたい場所を探しているとき、読書をしたり、掃除をしながら、好きなお茶を淹れているとき――それらの空間と時間の中にこそ、あなたの切望する内なる安定が見いだせるのです。

ハート数5の人たち

〝自由〟が彼らの純粋な望みです。仕事でも恋愛でも、自分のスペースを持っていられること、自由を許されていることが、何よりも大切なのです。仕事上では自分のペースでやっていけることが基本なので、時間に追われるような仕事や、規則の多い職場では勤まりません。それはけっして彼らが身勝手だということではなく、むしろ「自分らしくいる」ことに対する権利を主張していることの表れなのです。

その場その場で瞬間ごとに自発的でいること、そして自分らしくいることを許されたなら、この人たちは大空に羽ばたきます——彼らの集中力がもたらす夢の実現、意外な発想の転換からやってくる斬新なアイデア、あるいは、愛らしく聡明な彼らの魅力——それらが周囲の人びとの注目を集めます。そして、自然に事が起こり始めるのです。

反対に彼らを檻の中に閉じ込めたら、せっかくの能力が活かされないばかりでなく、そのエネルギーは反逆の方向に向かわないとも限りません。うつ病や引きこもりといった症状の多くは、発散すべきエネルギーを抑え込もうとすることに起因します。もし、セックスやドラッグなどに惹きつけられ、エネルギーを浪費しているとしたら、その行為がどれほど自分自身を傷つけているかを見守るべきでしょう。それらは単なる代替行為なのです。本当の自由を手に入れるためには、その裏側にある「自分の選択に責任を取ること」も大切なのだということをおぼえておきま

5

しょう。

彼らの人間関係もまた「自由なスペース」が基本になります。本人がそれを求めている以上、相手にも十分なスペースを与えるので、通常彼らはいつも友好的な人びとに囲まれ、最良の関係を保っているでしょう。でも、少しでも彼らの領域を邪魔するようなことがあると、それは行きすぎた関係ということになり、苛立ちをおぼえてくつろげずにいる自分を感じて、極端な場合はその場から立ち去ることもあるかもしれません。

どちらかというとあまり結婚したがらないというのも、「自由なスペース」の必要性に関係しているでしょう。多くの人が見逃しがちなのは、結婚は2人の間の問題というだけではなく、お互いの家族も含む人生のイベントであることです。2人が築くものであるはずなのに、実際には親や親戚までもがかかわってきます。誰と結婚したのかを思い出して、まず2人の空間を持つための工夫が大事でしょう。

必要とするだけのスペースを主張するとともに、相手にもそのスペースをあげるというのが、〝内なる自由〟を保持するコツかもしれません。実のところ、誰もが自由を求めています。周囲の人びとはあなたの伸びやかな感覚に惹きつけられ、あなたが与えてくれる自由な感覚を楽しみます。お互いの間に涼しい風が吹いているというその清々しさを好まない人はいないでしょう。

瞬間ごとに自在に動いていくとき、あなたは出会う人や状況、そこに起こっていることにトータルにかかわっていきます。そして、一人ひとりのユニークさや才能に出会っていく中で、互いに学びを分かち合うでしょう。トータリティというのもあなたの能力のひとつだということを知っておきましょう。これはとても強く自由のほうへ引っ張られるエネルギーですが、そうであるからこそ、しばしば恐れと向かい合うことになります。危険を冒すことの恐れ、自分が限界だと思い込んでいる境界線を越えていくことの恐れ、または、ただ自分らしく生きることに対する恐れなどです。

私たちは子供の頃から、「ほら、危ない！」「そこから先はだめ！」と言われ続けて育ってきています。危険を回避する方法を身につける意味ではそれは大切なメッセージでした。でも、どんなふうに恐れや不安を乗り越えていくのかはあまり教わっていないために、何か新しいことに向かっていくときに「危ない！」という感覚だけがやってくるのです。戸惑うのは当然のことです。この恐れに支配されたくないからといって一時的な快楽に逃げるのではなく、勇気を集めてそれを通り抜けてみることです。不安の裏にある興奮に焦点を合わせましょう。

そして、決めたら振り返らないことです。自由へと、より広大な空間へと羽ばたいていこうとする渇望は生命力の表れです。ただそれを許すことで、あなたの背中に大きな羽が生えてくるのがわかるでしょう。ひとたびその羽を広げたら、あなたの体はいともたやすく大空に浮かび上がるのです！

ハート数6の人たち

このハートは本質的にすべての人に愛を与えます。そして、他人との調和の取れた温かい関係の中で、ものごとがスムーズに進んでくれることを望みます。それは母性的で、やさしく保護する質です。それは基本的に〝与える〟エネルギーなので、〝受け取る〟ことが上手な人たちを惹きつけます。

ここで気をつけなければならないのは、双方がいつも意識的でいるわけではないということです。自分のほうから差し出しただけのものが返ってこないからといってガッカリしたとしても、それは相手の責任ではありません。ギブアンドテイクは当てはまらないのです。また、期待感から何かをしているうちは、与えることについての本当の理解は起こりません。愛するために少しでも条件づけをすると、あなたが本当には望まない方向へ引っ張られていってしまいます。

たとえば母親が自分の子供にいい教育を受けさせたいというとき、多かれ少なかれ、いい学校に入って、いい就職をし、いい結婚をしてほしいという期待があるでしょう。でも、もしかしたらその子は成長していく過程で、一般的に言うところの「いい人生」を送らなくても自分なりの人生を切り開いて幸せをつかむのだと決心するかもしれません。そして、きっとそう決めた途端、母親の言うことは聞かなくなるでしょう。母親は期待が裏切られたと言って嘆き、子供は母親の期待に応えられないことに罪悪感を持ってしまいます。親子の距離は深まるばかりです。母親は

「これだけ一生懸命あなたの将来を思っているのに」と言い、子供は「間違っているかもしれないけど、私は私の道を行く」と言います。深いところでは、母親は単に子供を思う気持ちがあるだけだし、子供も母親を愛しています。ところが、そこに期待があればあるほど、ハートの深みに気づくことが難しくなります。そこで得るものは、惨めさと不満足以外の何ものでもないでしょう。

また、これが夫婦関係だったとして、夫は「家族の面倒を見ているのは自分だ」と主張し、妻は「家計をやりくりしているのは私よ」と言います。あるいは恋愛中の男女が、自分のほうがより相手をケアしているし、よりたくさん愛していて、より尽くしていると言ったら、その事実がどうであれ、2人の関係性には取引《ビジネス》が、あるいは契約《コントラクト》があるのかもしれませんが、愛は完全に見失われているでしょう。そして、大切なことは、それがあなたの本当の望みではないということです。

あなたが心の底から望んでいる関係性は、どのような期待もなしに、ただハートにあるものを分かち合うことからやってきます。何度でもその基本に戻ってきて、無条件に与え、愛することをおぼえておきましょう。それはけっして難しいことではありませんが、最初にあなたの頭の中にある「正しい愛し方」や「愛されるための条件」といったくだらないハウツー本の情報を削除することです。愛することに方法などないし、それは人間が本来持っている自然な力なのです。

自分のハートに正直でいて、そこにあるものをそのまま分かち合えばいいだけです。否定的な感情も正直に口にすれば抱え込まずに済むのです。そして、正直さはお互いを深みに導きます。愛するエネルギーには限りがありません。限界がないから、条件もありません。その愛が純粋なものであるとき、与えることの中であなたはより多くを得る、ということをおぼえておきましょう。あなたの本質は、大きくやさしいハートの中に隠されており、あなたに発見されるのを待っています。

ひとたび発見することができれば、それは外側の世界に広がっていき、あなたは途方もない喜びの中にいることができるのです。時が熟してつぼみが花開く瞬間、あるいは恵みの雨がやみ、静けさの中で鮮やかな緑の木々が微笑んでいるのを目撃したときに、ハートから流れ出る音楽に耳を傾けて、それらと完全に調和していることです。

そしてまた、気持ちがダウンしてきたらいつでも、自分の胸に手をあて、そこにある大きなハートにチューニングすることです。それはどんな色をしていますか？　形や大きさは？　重いですか？　それとも羽のように軽いでしょうか？　音や言葉がそこにありますか？　あるいはそれは静寂の中にひっそりとどまっているでしょうか？　あなたのハートを名づけるとしたら、どんなふうに呼びますか？　その名前をつぶやくだけで、あなたはたやすくその感覚につながることができ、大きく深い呼吸がやってくるでしょう。

ハート数7の人たち

このエネルギーは2つの次元で作用します。ひとつは〝知る〟ということに対する強い欲求です。いわば、きちんと言語化された答えを持ちたいという気持ちです。もうひとつはたとえば瞑想など、内側の静けさの中で得られる洞察を通してやってくる、聡明さを得たいという心。それは頭の中の観念を超えたものです。前者はあなたを知識人にするでしょうし、後者は神秘家として生きる道への招待です。

知識人は人生についての多くをとても上手に語れるでしょうが、ともすれば〝生きる〟ことを忘れてしまうかもしれません。「自分は何も知らない」ということに気づくことができたとき、人は存在のより深い次元の中に自動的に落ちていきます。人間関係においても、まだまだ知らないことのほうが多すぎるという位置に立って人生を見つめていくなら、あなたはもっと多くのものごとを受け入れる内側のスペースを持ち、英知の中に深く進んでいけるのです。もしあなたが、たいていのことは得てきたという態度でいたら、神秘の扉を開くことは不可能でしょう。それには終わりはないのです。

あなたはかなりの個人主義で、他人があなたの領域に入ってくることを容易には許しませんが、それは独りでいる必要性があるためだということを、はっきり意識しておきましょう。それはもっともなことなのです。避けようとしないで、しっかり向き合いましょう。社会的な通念から、

7

どんな人とも積極的にかかわり合い、他人を手助けする、などという態度はあなたにふさわしくありません。むしろ、自分が求めているものの中に全面的に入っていくなら、周りの人はあなたを包む静けさを求めて集まってくるでしょう。あなたはただ、内面の自由の中でくつろいでいればいいだけです。

また、あなたは他人に対して、自分の判断を持ち込みがちだということに気をつけていましょう。「……はこうであるべきだ」とか「こちらも正しい」とか、あれやこれやの見解は、恋愛の上でも二人の間の愛を遠くへ押しやってしまうでしょう。そのような批判家が出てきたときは、独りになるための十分なスペースを取ることです。そして自分自身に尋ねてみましょう。「いったいこの声は誰の声だろう?」と。

たいていは、父親だったり母親だったりしますが、時にはあなたの尊敬する恩師やかかりつけのセラピストの声だったりもします。それが彼らのせいだというのではなく、要点はあなたの声ではないのだということを認識することです。借り物の知識からものごとを判断しても、何も学べません。そしてあなたは本当のことを知りたいのです。そうではないですか?

本質的に、英知と瞑想、そして独りでいることがあなたの内なる動機となりますが、そこにしっかりといるためにはハートと心《マインド》の働きの違いを理解しておくことが役立つでしょう。前者は真実に導くのに対し、後者は混乱の渦の中に突き落とします。輪の中心に向かうことと、その周りを回り続けることだとも言えるでしょう。ハートは広がり、心《マインド》は狭まります。軽さと重さ、明るさと暗さ、未知への扉と知識の本棚――自分がどこか堂々めぐりをしていると感じたら、重さから軽さへ、暗さから明るさの中へ動いていくことです。

関係性において、あなたの「独りでいる」というスペースを尊重してくれる相手を見つけることは大事な課題です。多くは同じ7という数をどこかに持っている人がよき理解者となりますが、誰に対してでも、単にあなたがその必要性を堂々と主張していれば問題はありません。でもそのことに否定的な感情を持ってしまったり、あるいは無理をして付き合うようなことをしていると、その抑圧された感情が積もり積もって、突然姿を消したくなったりするのです。

日常の中で毎日1時間だけ姿を消してみればどうでしょう？　あなたの好きな場所を一人で散策したり、読書や音楽や絵を描くことなど、独りのスペースを楽しめることは山ほどあります。そしてもっとも簡単なことは、たったいまいるその場所で静かに目を閉じて座ることです。あなたの内側の広大で豊かなスペースに入っていけるのはあなた以外にいないのですから。

そして、これらすべてのことに関して、けっしてシリアスに受け取る必要はないのだということもおぼえていましょう。あなたにぜひ訪れてほしい土地のひとつにギリシャがあります。あなたの中のブッダ、あなたの静けさが、ギリシャのゾルバ（酒と女と歌と踊りを愛した、愛すべき男の代表）を育んだ風土の底抜けの明るさ、生の歓喜と溶け合うことができたなら、そのときこそあなたは、「ハレルヤ！　これが私の人生だ！」と叫ぶでしょう。

ハート数8の人たち

この人たちは望むものを手に入れる力《パワー》をふんだんに持っています。それゆえにお金や権力に惹きつけられるでしょう。裕福な生活を好み、それに見合うだけの伴侶や、装飾品を手に入れることを望みます。時として、ある種の反動からそういったことに対して嫌悪感を持ったり、否定的な考えを持つかもしれませんが、単に、それはそうだということを認めることから始めましょう。社会的には、力《パワー》を持つというのはとても微妙な課題ですが、お金や権力は正しい使い方をするかどうかが要点なのですから、それを持つことに否定的になる必要はないのです。

欲望というもののメカニズムを見つめてみましょう。あなたが何かを欲したとき、それを手に入れることに対して大なり小なり興奮があるでしょう。そして、車を手に入れ、家を手に入れ、伴侶を手に入れて、ふと気がつくと、すべてが無味乾燥なものに感じます。そこにはもう興奮はありません。車は車庫に入っており、伴侶はいつでも家にいる――何もかもふりだしに戻ったかのようです。

あなたは新たな興奮を求めて別の欲望に向かっていきます。2台目の車、あるいは船を持つのでしょうか？　より大きな家、あるいは別荘を持つのかもしれません。伴侶にはもちろん内緒で、恋人を持つこともあるでしょう。まるでよりたくさん持つことで力を示そうとしているかのようです。それは底のないカップのように、注がれても、注がれても、けっして満たされることがありません。そしてゴールが達成された途端に、あなたは別の興奮を、別の欲望を必要とするのです。欲望というもの自体が底なしのカップだとあなたが理解する日、あなたの人生に大きな変化がやってくるでしょう。けれども、最初にそのメカニズムを体験的に理解する必要があるようです。欲する気持ちを無視するのではなく、その中にしっかりと入っていくことです。手に入れてみて初めて、カップの底に気づくということなのでしょう。

欲望を超えていけばいくほど、あなたはあなたの優れた能力である組織《オーガナイズ》する力に気づき始めます。たとえば、あなたの周囲に専門職で独立している人たちがいたとしたら、彼らを一同に集めたイベントを開催するとか、小さなコミュニティを作るかもしれないし、サイトで紹介していくのかもしれません。

そんなふうに、個々に独立しているエネルギーをまとめて体系づけていきたいという気持ちを見いだしたなら、積極的に進んでみましょう。成功するかどうかよりも、その体験から学ぶであろう多くのことがあなたの成長を促します。これは家族や、会社であなたが所属する部署など、小さな単位の中でも起こり得ます。そこにいる人たちの能力を引き出し、全体がまとまっていけるような形を作るのです。

もちろんそれが必ずしも簡単にできるというわけではありません。要点は結果ではなく、あなたがその過程を楽しみ、その中で自分の本来の望みが何かを見いだせることです。

恋愛関係だけでなく親しい友人との関係性においても、あなたは相手から頼りにされることが多いかもしれません。あなたのパワフルさに惹かれて来る人たちは、あなたといると大きな力に守られているように感じるようです。そして、寛大なあなたのハートはすべてを丸ごと受け入れようとします。けれども、あなたはけっしてスーパーマン／ウーマンになる必要はないのだということをしっかりおぼえておきましょう。

あなたのプライベートな空間と、他人といて楽しむスペースの境界線は微妙です。けれども意識的にその境界線を引いていないと、小さなストレスが積み重なっていくでしょう。そしてなおかつあなたの大きなハートが「私に任せて！」と快く言う限りは、それを止める必要もありません。もともと面倒見のいいこのハートは三角関係を作りがちだし、相手から求められて断ることが少ないようです。だからといって、相手や状況を支配したいわけではなく、単に気さくで、豪快で、まっすぐなだけなのです。そんな彼らを羨ましいと思うことはあっても、けっして悪く言う人はいないでしょう。

とはいえ、同じ8でもプラスの極に偏っているときがあります。異性に惹かれると、とたんに落ち着きがなくなり、何としてでも相手を手に入れたいといった感じになってしまうとしたら、そのときのあなたの焦点がどこにあるのかに気づくことです。その人自身への愛なのか、手に入れるという興奮なのかです。そうでなければ、愛は永遠の戦い《バトル》になってしまうでしょう。

ハート数9の人たち

9

あなたのハートは理想家であり、完璧主義的なところもあります。けれど、実際には何ひとつ完璧なものなどなく、不完全さの中にこそ生があり、美があるということを理解すべきでしょう。そうでなければ、あなたはいつまでも不満を抱え、そのうち自己不信に陥ってしまうかもしれません。

基本的には愛と慈しみでいっぱいのハートですが、「これはこうあるべき」「こうすればすべてはうまくいく」などの観念はどんどんハートを狭めていきます。その観念が正しいか間違いかではなく、相手や起こっている状況を受け入れるスペースがなくなっていないか？　ということをいま一度自分に問うてみることです。

世の中にはあなたに同調する人も入れば、当然、同調しない人もいるでしょう。けれども、私たちは、不調和な人からより多くを学ぶということも事実です。そして誰一人完璧な人はいないけれども、それぞれがそれぞれの個性を見つめている限り、彼らはその個性の中で、不完全に完璧でいます。あるいは完璧に不完全でいることが、彼らの個性を作り出しているとも言えるでしょう。

慈しみのハートのまま、ただ受容的でいましょう。人生の不完全さや、混沌を愛することです。荒れ果てた荒野や、雑草だらけの庭でさえも、整然とした庭園に劣らない、それなりの個性を持っているでしょう？　すべての野原が庭園のように整えられたとしたら、この地上はとても退屈な場所になることは間違いありません。そこにあるものをあるがままに認め、愛することができたなら、それを許すことの中から、あなたはより多くのものを得ることになります。

この地上には私たちがまだ知らない宝物がいっぱい隠されています。完全さは死であり、不完全さは未知の探究心を導き出す力です。

恋愛関係の中で、「相手から何も受け取っていない」と感じるとしたら、それはあなたが完璧な関係性を築いていこうと夢中になってしまうことに起因しています。相手にとって最高の恋人でいたいと願うばかりで自分自身にとって必要なことに目を向けていないのです。あるいは、相手を理想化しているために、現実を見たくないだけかもしれません。

恋愛は、二人の人間の間に生まれるエネルギーの交換です。それぞれの持っている能力や愛する気持ち、慈しみや信頼、勇気や創造性を分かち合うことです。それは一方的なものではないし、お互いのバランスが何よりも大切です。

通常、恋人同士だった二人が別れるというとき、相手をより愛しているほうと愛されているほうのどちらが先に去っていくかわかりますか？　論理的に考えるなら、より愛しているほうが、自分が思っているほど相手の反応がないと言って去っていくように思いますが、事実はまったく逆です。相手にあまりに愛されすぎると、その思いに押しつぶされて受け止められなくなるのです。そして、好きな人を真摯に愛そうとするあなたの大きな落とし穴は、自分がどれだけ前のめりになっているかに気づかないことです。何度も自分自身に返って、たったいまあなたが欲しているいることは何か？　それをどんなふうに叶えてあげればいいかを確かめケアするクセをつけることです。

もうひとつの落とし穴は、他人とあなたの間にある境界線についてです。多くの場合それは不明瞭で、ほとんどないに等しいかもしれません。一口もお酒を飲んでいなくても、他の人たちがワイワイやっている場所に行くと一緒に酔っぱらってしまえるのがこのハートです。他人の感情を拾ってしまい、他人事で悩んでしまうのがなぜかわかるでしょう。そんな自分を見いだしたなら、先の場合と同じように、何度も自分に戻るエクササイズです。そして、飲みたいときに自分でお酒を飲んで、楽しみましょう。

このハートが個人的な恋愛ゲームを超えて、もっと大きな、非個人的な愛を求めて開いていったとき、それは大勢の人に触れ合うことを求め、広範囲の関係性を包み込むエネルギーに変容していきます。〝We are the world〟の歌詞のような、地球上のすべての人たちが手をつないでいるイメージです。そこには比較もなければ、依存も競争もありません。みんなが平等で、助け合い、分かち合っています。それはあなたの切望が最終的には連れていくであろう世界です。

ひとたび自分の本当の望みに気づいたなら、あなたの中の理想家や完璧主義者は大いなる存在の中にくつろいで、愛の歌を歌い始めるでしょう。

ハート数11の人たち

このハート数の人たちは、花を見るときにその花びらや葉っぱに注目するのではなく、それが放つオーラやバイブレーションに関心が向かいます。人を見るときでも、その人の外見よりも存在が持つエネルギーをキャッチするのです。彼らはその繊細さを使って、生の神秘を生きていこうとします。それはすばらしいことですが、何かの特殊能力を持っているとか、特別な役割を担っているというスピリチュアルエゴの虜にならないように気をつけていないと、とんでもない勘違いからせっかくの楽しい人生を苦しい旅にしてしまうこともあり得ます。

ひと昔前なら超能力や霊感と呼ばれた能力は、いまではチャネリングやヒーリングと呼ばれるようですが、その能力はどこからやってきているのでしょう？　それは降ってわいたようなものではなく、私たちの純粋な愛からもたらされるものです。そこに愛があるかどうかが要点です。能力というのは道具の一種です。能力だけでは無力だし、無意味なことにしか使えないでしょう。あなたの感じやすさを売り物にしないで、むしろ普通の生活の中でその豊かな感性を活かす道を見いだしていきましょう。

あなたの恋愛や友情は、いったん理想化されてしまうと現実の交友関係を停滞させます。あなたの見ている彼／彼女はあなたの理想の世界の中だけに存在しており、その中であなたの理想の相手を演じることになるのです。そして、現実の彼／彼女がコミュニケイトしようとしても、理

11

想の世界で夢心地のあなたには現実の相手が見えておらず、声も聞こえず、肌で感じられないということになってしまいます。気をつけましょう。夢の中の相手がどれほど素敵でも、現実の彼／彼女の温かみにかなうわけがありません。

もしかしたら、あなたは自分の繊細さを分かち合える相手に出会えないと思い込んでいるかもしれません。周りの人たちは粗野で鈍感だから、デリケートなあなたのハートをわかるはずがないと。そういうふうに言ってしまうことで、自分がどれほど自分のハートを防御しようとしているかに意識を向けてみましょう。

あなたの望む相手は必ずいるのだということを信じて、会う人ごとにかかわっていく努力をしましょう。そうでなければ、夢見る少年／少女のままで人生を過ごしていってしまうこともあり得ます。あなたは自分の豊かな感性を活かしたいと思っており、みんなにそれを理解してほしいと望んでいます。でもそのことをどれほどはっきりと人に伝えているでしょう？　その思いを素直に口にすることが、あなたにとっての課題だといえるでしょう。スラスラと話せなければ時間をかければいいだけです。他人がするようにできないことがあってもそれに悪い感情を持つ必要はありません。

社会に順応することがあなたの課題ではないのです。乱雑だったり粗野だと感じている環境の中で自分らしさを見失ってしまったとき、無理やり周囲に合わせようとするのは、むしろ危険なことです。神経症に悩まされるか、感情や感覚を押し殺して無感動な人生を送ってしまうでしょう。イエスマンにならないで、自分の繊細さを主張する勇気を持つことです。仕事でも恋愛でも、ある関係性の中で、あなたの感性がノーだと感じることははっきりと口にする練習をしていくことです。同時に、こうすればもっと気楽に楽しめると感じることに対しては、あなたのアイデアをどんどん出していけばいいでしょう。

11は2でもありますが、2の協調性ゆえに、あなたはどちらかと言えばとても受け入れやすい人です。他人の目を怖がる必要などないばかりか、周囲の人たちは実のところあなたがいることでやってくる平和な雰囲気を楽しんでいるという事実を見逃さないでいましょう。

最後に、あなたには豊かな感性を育てていきたいという欲求があることに気づいていますか？それは目に見えないエネルギーを感じ取ることにも使えるけれども、同時に、詩を書いたり絵を描いたりすること、歌や踊りであなたのハートにあるものを表現することにも使えます。それに気づいている人はどんどん表現していくことです。まだ気づいていない人は、もっと積極的にすばらしい作品を鑑賞することや、知らない国を旅していろんな人たちと触れ合っていって、その部分が呼び覚まされるように意識を向けてみましょう。

一度しかないこの人生をいきいきと生きていくために、あなたの感性を思う存分花開かせてください。そして、おぼえておきましょう。あなたの表現に誰一人目を向けることがなくても、少なくとも〝あなた〟という最高の友達がしっかりとそれを見て、聞いて、感じてくれるのだということを。

ハート数22の人たち

この人たちにとって、何であれ大きなプロジェクトに参加することは喜びをもたらします。小さな範囲にとどまらないで、より広い領域で動いていけることに喜びを見いだすのです。話が大きすぎるとか、現実味がないなどと言われても、自分なりの物の見方をどんどん出していくことです。地球規模のプロジェクトを発信していく中で、あなたが本当に望んでいることは新しいシステムを作ることでもなければ、政治経済の改革でもないのだということが次第にはっきりしてくるでしょう。あなたのハートが本当に喜ぶことは、宇宙全体との一体感です。世界が混沌の中にあろうが静寂の中にあろうが、何ひとつ間違ってはおらず、すべての存在はつながっているという実感が細胞の隅々にまで浸透していくような体験をすることです。

あなたはただ、永遠の宇宙と、私たちの内的世界はひとつであることや、自然の力にかなうものはないということを人びとに知らせたいだけなのです。そのことに意識的でいれば、世の中が住みづらいと嘆く必要などなく、身近な人びととのかかわりの中で、あなたが感じていることを分かち合っていけばいいだけだということに気がつくでしょう。4の内面のくつろぎを忘れないことです。

どちらかと言うとフレンドリーでいろんな分野のことに興味を示すほうですが、恋愛に関しては意外にシャイな一面があるようです。異性に対しての振る舞い方を探求するよりも、宇宙の彼

22

方の星の研究や体を構成する細胞組織に関心が行っていたせいかもしれません。あなたにとって異性との出会いは、宇宙人との遭遇と同じくらい奇跡的で、神秘的な体験かもしれません。世の中には本当にいろんな性質を持ったユニークな人たちがいっぱいいます。あなたにとってふさわしい相手に出会いたいと思ったら、そのままの自分を素直に表現することです。間違ってもクールな遊び人のふりなどしないで、シャイなままのあなたでいてください。

4の別の側面である生産性ゆえに、彼らの周りでものごとが自然発生的に育っていくことがしばしばあります。それを育てていくのは各自の役割だとしても、成長に手を貸すことは22の本質を有効に活かす道でしょう。それはちょうど長距離走でスピードをつけるために選手の横を走る人のようでもあるし、アクション映画の代役のようかもしれません。彼らはトップに立つことや社会的な成功を目指すことよりも、陰の功労者になることを好み、その成果を誇りに思います。有名人ではなくても、誰もが一目置くような人間になることを目指しているとも言えるでしょう。

あなたの広くて大きな視野を狭めることなく、そして自在性を持って生きていくために、しばしば自然の中に身を置くことは大きな手助けになるでしょう。野生の動物たちのエネルギーにチューニングすることも役立つかもしれません。ブラジルの先住民、ネイティブアメリカン、アボリジニ、マサイなど広い土地に古くから住んでいた先住民に興味が行くのも自然なことでしょう。あなたは彼らの生き方から何か本質的なものを得ようとしているのです。ハワイから来たスピリチュアルムーブメント〝ホ・オポノポノ〟の祈りも、ネイティブアメリカンの詩も、聴く人のハートが開いていなければ、単なる言葉の羅列でしょう。そして、自然にハートを開かせることのできる一編の詩は、あなたにとって大きな贈り物でしょう。タオス・プエブロの古老の言葉を捧げます。

今日は死ぬのにもってこいの日だ。
生きているものすべてが、わたしと呼吸を合わせている。
すべての声が、わたしの中で合唱している。
すべての美が、わたしの目の中で休もうとしてやって来た。
あらゆる悪い考えは、わたしから立ち去っていった。
今日は死ぬのにもってこいの日だ。
わたしの土地は、わたしを静かに取り巻いている。
わたしの畑は、もう耕されることはない。
わたしの家は、笑い声に満ちている。
子どもたちは、うちに帰ってきた。
そう、今日は死ぬのにもってこいの日だ。

(『今日は死ぬにはもってこいの日』ナンシー・ウッド著　金関寿夫訳　めるくまーるより引用)

ハートを守る

人格数

——あなたの振る舞いは、
あなたの望みを叶えるための方策だというふうに見守ったら、
そこに失敗はない

人格数1の人たち

1の人格数を持った人たちの大きな特徴は、自分を立派に独立した一人の個人として認識していて、自信に満ちた振る舞いをすることです。ハートの望みを叶えるための振る舞いが「自分を主張すること」であるため、彼らは多少背伸びをしても自分の自信を見せようとするのです。時にはすごくわがままになったり、突然自信をなくして落ち込んだりするとしても、それは振り子の極に揺れているのだということをおぼえておきましょう。

この人たちが自分の中心にいて単に自分らしくいるとき、こちらも同じ位置からかかわることができます。それはとても気持ちのいい関係です。お互いの間に涼しい風が吹いている関係、2本の柱がしっかり立っている関係です。友人としては、彼らが目的に向かって突進しているように見えるときにはちょっと袖を引っ張ってあげ、自信をなくして引いてしまっているときはそっと後押ししてあげるといいでしょう。

この人たちは、一般的に言うクールな人という雰囲気を持っています。自分の意見を持ち、ハキハキと切れのいい話し方で、どちらかと言うと早口でしゃべるほうかもしれません。直接的な言葉遣いで、好き、嫌いがはっきり言えるほうなので、人にアプローチするときもされるときも回りくどい表現を嫌うでしょう。そんな彼らは、恋愛においてもイエスとノーが言える相手でないと辛抱強く付き合えません。優柔不断さは彼らを不安にするからです。けれども、時には「わ

1

からない」というのが、自分自身の、そして相手の正直な気持ちであるということも理解しておく必要があるでしょう。

あなたがこの数なら、いま一度自分の人格に注意を向けてみましょう。あなたは自分が何をしていて、どこに進んでいくのか明確に見えていると信じていますね？　あなたがあまりに自信に満ちているので、周りの人たちもあなたをそういう人だと思っているでしょう。期待をかけられたり、矢面に立たされたりするのはそのためです。周囲の期待は前進のためのエネルギー源だと受け取れるなら問題はありません。でもいつも先頭を切って進むことにストレスを感じていたり、微かな怒りや不満が感じられるようになってきたら、それは信号が黄色の点滅を始めているということです。これ以上感情を抱え込まないようにという警告なのです。

本当には自分がしたいことをわかっていないのかもしれないと考えてみるのはどうでしょう？　そういうふうに見つめてみたとき、〝周囲の期待に応えようとしている私〟や、〝自分の力を過信してむやみに突き進んでいる私〟あるいは〝相手に妥協している私〟などが見えてくるのではないでしょうか？　あなたには他人の期待に応える義務はありません。あなたはただあなたらしくいればいいだけです。

そもそも〝あなた〟のハートの望みは何だったのでしょう？　意識の深い層を探って、いったい自分が本当は何を求めているのかを見つめてみましょう。自分の肚の中心に意識を向けます。そこに何度でも駆け戻り、ふたたび遊び心を見いだしてみましょう。あなたの望みに向かっていくためのリソース（資源）を集めるのです。この作業を怠ってしまうと、あなたの人格はハートとのつながりを失ったまま、「おそらくこれがいいに違いない」と思う振る舞いをしていきます。指令を失ったロボットのように、同じパターンを繰り返すのです。「ワタシハ　スベテ　ワカッテイル」「ワタシハ　オーケーダ」「ワタシハ　ジリツシテイル」

社会に何を提供していいのかわからない、方向性が見えないというときに、最初にすべきことは人格とハートが手をつなぐのを許すことです。ロボットのようであったからといって、その人格を切り捨てろというのではありません。それはできることを精一杯やってくれていたのです。

単にハートの望みからずれないように軌道修正すればいいだけです。先にも述べたように、1の人格数のすばらしいところは「一人の個人として自分らしくいる」という質をもたらすことができることです。期待に応えようとする気持ちやがんばる姿勢がそこにないとき、あなたはシャンと背筋を伸ばして、自分の2本足で立っている感覚を感じています。

自分の背丈でものごとを見極めていて、起こっていることの全容が目の前に開けてきます。曇ったガラスが磨かれ、周囲の音が耳に届いてきました。そして、あなたは大きなため息とともに微笑みが戻ってくるのを感じているでしょう。

人格数2の人たち

彼らがもっとも安定しているときには、その振る舞いの中には細やかな心遣いが感じられます。こちらの話に親身に耳を傾けてくれているので、安心して一緒にいられる感じがするでしょう。調和の取れた、平和な環境がいともたやすく作り出されています。

ところが、彼らがその振る舞いと同化してしまい、それが自分だと思い込んでいるとき、そこに無意識のパターンが入り込みます。彼らの態度は表面的だったり、技巧的に感じられてしまうかもしれません。テレビドラマでおなじみの、あの独特の笑い方や話しぶり、オーバーなくらい親切な気の使い方などが出てきたときには要注意です。そういうときの彼らのマインドを読んでみるなら、話していることと正反対のことを思っているか、その状況の中の何かが彼らにとって正しく進んでいないかです。

彼ら自身は自分の内側の不協和音のために大なり小なり腹を立てているでしょう。彼らのいちばんの問題はそういうときに口に出せないことです。まるでトイレに行きたいのに立つタイミングを見失っている人のようです。いまこそ、いまこそ、と心の中で呟きながら表情は変えない――何となく落ち着かないというバイブレーションだけが伝わってきます。

居心地が悪くても表面を取りつくろおうとするのは、「他人との間を平和に保つべき」という条件づけのせいですが、そんなときこそ深呼吸をして「ちょっと待って。たったいま私は何をしたいのか?」と自分に問いかけるべきでしょう。そして、彼らがそういう状態だと察知したら、友人としてできることは、単にしばらく一人にしてあげることです。

彼ら自身の要求につながっていない状況が極限にまで達すると、振る舞いが急に冷淡になったり、苛立ちを他人にぶつけたりすることがあります。単に人疲れしている場合もあるでしょうが、人間不信だなどと言って自分から心を閉ざしてしまうこともあり得ます。さっきまでみんなといてにこやかに過ごしていたはずなのに、突然姿を消してしまうようなところがあるのです。

そんなときの彼らを理解するのは困難です。か細い糸が切れてしまった状態を悪いほうに受け取るのではなく、むしろそれを歓迎し、修復のために何が必要かを一緒に見守ってあげることが必要でしょう。彼らにけっして多くを望むべきではないということをおぼえておくことです。不調和を嫌うあまりに調和を作り出すことに躍起になり、そのことで疲れきってしまうという彼らのパターンに気づきましょう。

とても単純な解決策は、木陰に坐って小鳥のさえずりを楽しむことや、小川のせせらぎに耳を傾けることです。自然の治癒力は誰にとっても効果的に作用しますが、彼らの〝調和する〟という能力が自然のリズムをすぐさま運んできてくれることがここでの要点です。セラピーなどに頼ることもあっていいでしょうが、セルフ・ヘルプ(自分で自分を助けるというコンセプト)の方向性を持っていることが大切なのです。

あなたがこの人格数なら、人びとや状況に対していつもオープンで役立つようにいようとしないことをおぼえておくべきです。もちろんパートナーや友人はそれを歓迎するでしょうし、相手が居心地よければあなたも平和でいられるでしょう。でも、私たちは他人や状況に対していつでもどこでもハートを開いていられるわけではないし、むしろそれは危険なことだと気づくべきです。

何でもかんでも受け入れようとしたら、突然どんなものがやってくるかわかりません。そうでしょう？　このことが自分のパターンになっていると気がついたら、きちんと境界線を引くことです。そして、あなた自身のハートの望みに対して開いていることです。

恋人や大切な友人に何かをしてあげたいと感じたとき、それがあなたのハートからわき出てくる愛に基づいているかどうかを確認しましょう。相手のニーズに応えようとしている自分を見つけたら、その陰にどんな気持ちが隠れているかに目をやることです。もしかしたらあなたは相手が欲していることをすぐさま察知し、それに応えることでのみ愛されると思い込んでいるかもしれないし、その場の空気を読めなかったり、他人をケアできないのは、すべて自分のせいだと信じているかもしれません。

それらは大きな間違いです。あなたの内側の平和にフォーカスしましょう。そこから動いていくということだけおぼえていれば、あとのことはすべて〝自然の力〟がケアしてくれます。

人格数3の人たち

どちらかと言えば、明るく、気さくで、フレンドリーな雰囲気を持った人たちですが、時々まったく正反対の、暗くて惨めな姿を見せることもあります。感情がそのまま外に表れてしまう人たちなので、周囲の人たちを感情的に巻き込むこともあるかもしれません。ドラマチックな表現で、怒りや悲しみ、喜びや興奮といった感情を発散するときがあります。

身近にいる友人としては、その感情に反応するのではなく、彼ら自身がその感情そのものではないということに気づいておくことです。そして、暗さには明るさで、浅はかさにはクールさで応じるなら、彼らの感受性がそこにあるメッセージを上手に受け止めてくれるでしょう。彼らの明るさは創造性の香りを運んできます。単に出会うだけではなく、知り合う人ごとに関係性が発展していくという傾向があるため、彼らの人生は華やかです。他愛のないおしゃべりで時を過ごしたり、グルメレストランのはしごをしたりといった表層部だけの付き合いにとどめておきたいならそれもいいでしょう。一緒にいて本当に楽しめる相手です。でももっと積極的に創造性へ向かっていくなら、お互いの才能を分かち合うこともできるのです。

特に恋愛関係にある場合、彼らほど楽しいボーイフレンド／ガールフレンドはいないでしょう。ところが問題は、その付き合いがあまりに表層部だけにとどまってしまい、関係性が深まらない傾向があることです。このフレンドリーな人格数を持つ人は誰とでも仲良くしたいので、友達も

3

恋人もいっぱい作る傾向があります。浅く広くというやつです。したがって、これはあなた自身がこの数を持っている場合も、この人格数の人と付き合う場合も言えることですが、一歩進めたいという気持ち、この人と一緒に人生を歩いていきたいというハートをお互いに感じたなら、「楽しい」「気軽」「心地いい」というパターンから抜け出し、創造性の中にジャンプすることです。

あなたがこの数なら、おぼえておいてほしいことは、自分自身の振る舞いの中でつねに肯定的、かつ創造的な方向を見つめていくことです。それは何も楽しいことだけをするということではありません。そうではなく、あなたがしている振る舞いの陰にある「肯定的なことは何か？」に注意を向けることです。

たとえば、あなたが喫煙者だったとして、体に悪いと知っていながらタバコを吸うのはなぜかと考えてみたことがありますか？　タバコの本数を減らす努力をするのではなく、タバコを吸うことの肯定的な意図は何かと自分に尋ねてみるのです。「くつろげる」ということもあるかもしれないし、ちょっと一服というのは「一息入れる」ためのいい口実にもなるでしょう。あるいは喫煙者同士の語らいの場所に加わることができるということもあるかもしれません。この場合は「友人との交流」というのが隠れた意図です。

つまりあなたが本当に欲しているものは、くつろぎや友人との交流なのだということに意識的になればなるほど、喫煙すること以外の方法でその意図を満たすための他の選択肢を見いだせる可能性が広がるのです。これが創造的な方向を見つめるという意味です。

あなたが使おうとすればするほど、この人格数は創造性の香りをいっぱい運んできます。

さまざまな状況の中で自分の振る舞いに否定性を感じるときはいつでも太陽の明るさを思い出しましょう。物理的に太陽がサンサンと降り注ぐところへ行ってその温かいエネルギーを全身で受け止めてみることです。南の島で充電することも役に立つでしょうし、日常の中では明るい色を身につけることです。部屋のカーテンやクッションカバーにも太陽のイメージを取り入れましょう。カラーコーディネイト自体を楽しむのです。

あなたは人生のいろんな局面で苦労をしたとしても、基本的には幸運に恵まれているし、どちらかと言えば、華やかな人生を生きるほうかもしれません。いずれにしても、人生を楽しむことや、創造的な生き方が振る舞いの中に現れるので、気まぐれに見えることがあっても、ともかく「一度しかない人生をなぜもっと楽しまないの?」という姿勢を持っているように見受けられます。それはそれでオーケーなのですが、あなたの人格が「私は人生を楽しんでいる」「私は気楽に過ごしている」「私は創造的に人生を送る」という振る舞いをするのは、あくまでハートの望みを叶えるためだということをおぼえておきましょう。振る舞いだけが一人歩きをすると、あなたの行動は単なるパフォーマンスにとどまってしまいます。

人を楽しませることで自分が楽しむというのは消極的な態度です。あなたのハートが喜ぶことをしてあげてこそ、この人格が活きるのです。

人格数4の人たち

物怖じせずにストレートにかかわろうとする態度、歯に衣を着せぬ話し方がこの人たちの特徴です。場の空気を読めないわけではなく、思ったことを率直に口にするというのがこの人格が学んできた防御策なのです。それによって何であれハートにある本当の気持ちが守られるわけです。言い換えれば、彼らの口をついて出てくる発言にはまったく根がないし、個人的に受け取る必要もないのです。

この率直な態度は2つの可能性を含んでいます。ひとつはそれが頑固さからやってきている場合。相手や状況をかえりみずに、私はこうなのだからという態度だと、多くの場合は歓迎されません。無視されてしまうか、拒絶を生むでしょう。頑固さを一皮むけば、それは一種の自己防衛であり、安全を堅持していたい欲求からのものであることが見えてきます。それは実のところ自分自身のハートの望みに対する信頼の欠如を示しています。

それが自己防衛からのものではなく、ただ感じたままを素直に表現したのであれば、その発言は相手にとっても気持ちがいいほどの率直さなので、誰もが納得するはずです。自己防衛の中に閉じこもらないよう気をつけながら、あくまで「自分のハートを信頼する」ことにエネルギーを注いでいきましょう。

表現を変えて言うなら、彼らの振る舞いはとてもシンプルでわかりやすいです。好き、嫌い、イエス、ノーがはっきりしていて、たとえ口ごもることがあっても何が言いたいのかわかるほどです。それゆえ間接的に何かを伝えようとしたり察してもらおうとしても失敗に終わるでしょう。

彼らに気持ちを伝えたり、もっと親しくなりたかったら、それをはっきりと口にすることです。ストレートな表現以外は的を外れた矢のように飛んでいくだけでしょう。こちら側の率直さがあれば、彼らから返ってくる応答は私たちのハートにすんなり入ってきます。そのコツがわかれば、彼らの頑固さは、お互いの信頼感へと変容していきます。そして、一度築かれた信頼は内側の安定を作り出すので、彼らとの関係性は確固たるものになっていくでしょう。生活をともにしていても、していなくても、一生付き合える相手としてあなたの人生のアルバムを埋めていく人です。

あなたがこの人格数なら、振る舞いの中にある安全や保証に対する執着心から意識的に距離を取ることをおぼえておくべきです。ハートを守るという役割を担ったこの人格数は、戦に出る侍が鎧を着けたかのように両肩を張って身構えています。何が入ってくるのかわからないという不安感からそうしているというよりも、むしろがっちりガードするのが自分の役目であり、それなしには自分は存在しないと思い込んでいるようです。

当然安心感を与えてくれる仕事や恋愛などの関係性に引き寄せられるでしょう。なぜならその分肩の荷が下りるからです。けれども、あなたの本当の望みはあくまでハートの中にあります。この人格がハートを乗っ取ってしまわないように、言い換えればハートの望みを叶えるために保証と安全が必要だと思い込まないように、気をつけていましょう。

もっとも顕著な例は、人を好きになったときに最初にやってくるのが「果たしてこの人は付き合っても安全だろうか？」という考えです。その考えから発展して「結婚したらどうなるか？」「彼／彼女の将来性は？」「裏切られないだろうか？」。次から次にこれらの問いがやってきます。まだ手を握ってもいないのにです。

相手を本当に知る前に安全保障のための条件が入り込んでくる。それはあまりに悲しいことではないでしょうか？　そんなことでは恋愛など不可能です。お互いを知って初めて、そこにある苦難を一緒に乗り越えていけるのです。人生とは楽しみや喜びだけで形作られるのではないことを理解しておくべきでしょう。

あなたは飾り気なしにものごとに対して感じたままを口にするという率直さを持っているというのは先に述べた通りですが、そのストレートさを上手に使うなら、グループの中のご意見番として、必要なときに実際的なアドバイスをするといった役割をこなすことができるはずです。それによって頑固に自分の意見を通そうとする必要はなくなり、内側がくつろいでいくことに気づきます。「起こることはすべて正しい」という禅的境地を理解し、それを生きることができるのです。そうしたときに、あなたのくつろぎのバイブレーションに惹かれて、人びとが集まってきます。くつろぎの和はとても自然に作られていくのです。

人格数5の人たち

彼らの振る舞いの中には人を魅了する個性的な香りが漂っており、しかも自由な空気に包まれているので、とても自然に惹きつけられます。いわゆる目立つ存在です。ハートの望みを叶えるための彼らの方策は自由を主張することですが、人の注目を浴びやすいため、時にはそのことでストレスを抱えがちです。そうなると、エネルギーが散漫になり、身勝手な行動が目立ちます。

自分の好きにして何が悪いといった態度が出てきたら、彼らは単によりスペースが必要なのだと理解して、何も言わずに立ち去ることです。自由を感じた途端に彼らはいつもの「マイペース」を取り戻すでしょう。

彼らが中心にいるとき、その情熱がひとつのことに向かっているのが手に取るようにわかります。いきいきとしたバイブレーションが伝わってきて、つい応援したくなるほどです。そんなふうにして彼らの周りには力のある人たち、または個性的な魅力を持った人たちが集まってきます。注目を浴びる振る舞いができるという彼らの資質は特に権力者にとって「使える」何かです。だからこそ使うほうも使われるほうも、操作するようなやり方ではなく、上手にそれを活かしていくべきでしょう。

〝個性的な人たち〟とは、同じ人格数の人ではなく、自分の個性を十分にわかっている人たちのことを指していますが、お互いがいいライバルになれるようなかかわり方をしていくのだという

5

ことをおぼえておきましょう。

彼らの自由な振る舞いが同じように自由を愛する人を惹きつけるので、恋愛関係、友人関係にもお互いの自由空間を尊重することが必須条件になってきます。7の好む独りの空間とは違って、彼らは大勢がいても気にしません。ただマイペースなのです。自分のパートナーだからといって「あなたは私のもの」といった態度でかかわると、彼らは自由の必要性から「それは間違いだ」という反応を返してくるでしょう。反対に彼らのペースを邪魔しないで、こちらもマイペースでいたなら、お互いの波動が合ったときにだけ一緒にいて、またそれぞれのペースに戻っていくといったさわやかな関係が築けます。

この人格を持つあなたにとって、自由に振る舞える空間が与えられていることは呼吸をすることのように大切な、生きる手段のようです。気をつけましょう。仕事上でも関係性においても、過剰な制限を不用意に背負ったままでいると、その多大なエネルギーは出口を求めて暴れ出します。まさに火にかけられた圧力鍋状態です。

安全弁がシュッシュという音を立て始める前に、火を止めて空気を抜く必要があるでしょう。暴飲暴食、薬物やセックスなどの快楽に逃げてしまわないで、自分の本当のニーズに耳を傾けることです。ハートの望みを叶えるための行動だったはずが、振る舞いだけが一人歩きして傍若無人になっているとしたら、誰が誰を傷つけているのでしょう？

不自由なのはこの社会の仕組みのせいだと文句を言う前に、自分の中の苛立ちや不満をしっかり感じてみることです。それを他人にぶつけたくないから抱え込んできたのでしょうが、いまこそ感情を解き放ってあげるときです。人のいない公園や海辺に行って、できることならわあわあと大声で叫びながら全力疾走してみましょう。これ以上走れないというところまで行ったら、大きく深呼吸して目を閉じます。そして自分の肚に意識を置いてください。頭の中はいつもより静かなはずですが、思考がやってきても、それを流れるままにしておきます。思考についていっているると気づいたら肚に戻るということを繰り返していくうち、あなたの内側が静かになるのがわかるでしょう。

その静けさの中でこそ、あなたは、自身が持つ自由で、自在で、活発な知性とコンタクトできるのです。このエクササイズはトータルにやらないと効果がありませんが、やればやるほど気に入るはずです。エネルギーの迷走を感じたら、何度でも中心に駆け戻り、そこにあるものを感じましょう。時間や空間が制限されていても、あなたの意識が肚にある限りは、誰かや何かがあなたの邪魔をすることはないのだというのがわかってくるでしょう。そして、その場所からあらゆる状況の中の一瞬一瞬の出来事に対してかかわっていくのです。

勇気を集めて、その場にしっかりといることができれば、周囲に何が起こっていようが、あなたを貫く純粋なエネルギーがあなたを導いていきます。

全面的でいる限り、あなたにとって生は限りない〝遊び〟の連続です。

人格数6の人たち

この人たちは他人や状況に対して自ら責任を果たそうとしたり、役立つように行動しようとする傾向があります。自分の願望を犠牲にしても、人から必要とされていると感じることが好きなのです。自分のことをする前に、相手が何を求めているかを見て、それを優先する傾向があるので、彼らが本当はどうしたいのかを知るのは難しいでしょう。彼らからコーヒーと紅茶とどちらを飲むかと聞かれたときに、「あなたの好きなほうでいい」と答えてごらんなさい。にっこりと微笑みながらも戸惑うはずです。それほど他人優先になっているということに気づかせてあげるのは大きなサポートになるはずです。

見方によっては、これはとても温かく保護する人格ですが、この人たちは義務と責任との間にある違いを学ばねばなりません。そして他人のではなく自分のハートの願望に耳を傾けるクセをつけ、そこにある正直な感覚にしたがうことです。

義務と言うとき、それは他人や状況からの要求であり、それに応えるかどうかが問われます。責任は自分のハートの要求によるものであり、人から与えられるものではありません。そして、自分自身の要求に責任を取ってこそ満足が得られますが、他人の要求に応えても、同じ満足感はけっして得られないということをおぼえておくべきです。それらは2つのまったく違った質のものなのです。

あなたがこの人格なら、正しい／間違いの観念に取り込まれすぎる傾向があることにも気づきましょう。自分は正しいことをしたつもりでいて、相手にもそうあってほしいと願ったのに、予期したものは戻ってきません。あなたは徐々に誰かのために何かをすることに対して反発し、拒絶するようになるでしょう。これはあなたの陥りやすい大きな勘違いです。

自分が楽しいと感じることを純粋に分かち合っていればそこには素直な喜びがあるでしょう。それは正しいというよりも自然なことです。だいいち誰が正しい／間違いを決めるのでしょう？もっと自分自身の感覚を信じれば、他の誰でもなく〝あなた〟が正しいということがわかってくるでしょう。

人との関係性の中であなたは、自分が相手をどれだけ愛していて、どれだけケアしているかということを行動で示そうとします。プレゼントをしたりこまめにメールを送ったり……、そのことにまったく問題はないのですが、相手が同じだけのものを返してくれないとしても、文句を言うのは間違いです。あなたの行動は相手ではなくあなた自身を安心させるためのものだということに気づきましょう。

もしかしたらあなたはそういう自分にうんざりしているかもしれません。本当はもっと二人の関係性を信頼してくつろいでいたいのではないでしょうか？　だとすれば、何もしようとしないことです。あるいは何もしないようにすることです。必要なことは自然に起こってくるのですから。

おぼえておきましょう。自分の応答に責任《リスポンスィビリティ》を持つということは、自分の足でしっかりと立っているという〝位置〟から、自分のハートに従って、生の状況に応答《リスポンス》する能力《アビリティ》を持つということです。責任を持った振る舞いをするためには、生真面目な役人が監視するような態度でハートの望みを叶えようとするのではなく、仲良しの友達としてハートに寄り添ってあげることです。

そうしたときにあなたの人格の中のやさしく役立つようにいるという質が自然に花開き、ハートを包み込みます。ハートは温かさを感じて、ずっと心に秘めてきた望みをそっと耳打ちするでしょう。人格とハートが向き合って手を取り、いまにも一緒に踊り出さんばかりです。祝福の歌が聞こえてきます。

あなたの振る舞いの中にある美的センスは、本当に美しいもの、つまり、愛の込められたものを見極めます。それは観念や知識ではなくもっと感覚的なものです。自分自身の目に映るものを見て、耳に聞こえてくる音を聴き、肌に感じるものを感じていましょう。そうしていく中であなたは少しずつその振る舞いの中に優雅さを加えていくでしょう。

あなた自身の女性性、受容性がふくらんできます。他人から見ても、そして自分自身でもゆったりした動きが感じられるようになるでしょう。他人の様子をうかがうことがなくなり、エレガントな雰囲気が漂ってきます。あなたが見ているものと同じくらいあなた自身が美しいのだということをおぼえておきましょう。

人格数7の人たち

この人たちの〈生〉へのアプローチはいくぶん控え目で用心深いでしょう。それは客観的で断片的な物の見方に関係していますが、一つひとつのものごとの詳細はよく見えても全体の様子がつかめなくなるために、一歩進んでは確認するようになってしまうのです。せっかくの観察力も、それが断片的になればなるほど起こっていることから自分を引き離してしまいます。相手をジャッジしたり、批判することのほうにエネルギーが逸れてしまい、個人的な見解から動いてしまうでしょう。人と意見交換することがないどころか、自ら孤立状態を招くことになるのです。

彼らはつねに答えを求めています。知識を集め、調査し、分析することでのみ正しい振る舞いができるという思い込みがそうさせるのですが、その答えは実のところ体験によって得られるものです。あらゆる状況の中に深く入っていきましょう。深く掘り下げることを楽しむなら、純粋な理解と英知がその振る舞いの中に育っていきます。

人との関係性の中で自分を無理に連れ出そうとしないことです。内面の豊かさの中にくつろいでいればいるほど、他人があなたのほうにやってきます。人生の中で必要とする人びとは、あなたの深みに魅了され、自然と集まってくるでしょう。恋愛関係の中でもこの人格は異性を惹きつけます。風変わりで深遠な雰囲気が神秘的に映ったり、もっと中身を知りたいと思わせるのです。そういうふうに思われているからといって、2人の関係の中に深遠さをもたらすべきなどと考える必要はありません。ただ普通でいて、一緒に愛を深めていこうという気持ちでいれば、起こるべきことが起こるでしょう。あえて他の数との違いを言うなら、この人格の体験は往々にして一生の思い出として残るような深い学びを得られるものになるだろうということです。

この人格の控えめな資質のために、あなたは人びとのダンスの輪の中にではなく、それを見ているほうに自分を見いだすことが多いでしょう。そこで自分にレッテルを貼って、「私は人付き合いが苦手」などと言ってしまわないように注意しましょう。人の輪を見ている自分を見つめること——つまり観照者でいることです。そういう立ち位置でいるなら、あなたには全体が見えていて、輪の中にはいなくてもその輪とともにいることになります。

瞑想やさまざまな内観法はあなたが内側に入っていくことを助けますが、その技法に頼ってしまわないように注意しましょう。瞑想を日々繰り返すだけでは、単なるエクササイズ（訓練、稽古）になってしまわないとも限りません。瞑想によって日常のどんな瞬間にも気づきをもたらすことを目指していくことです。食べているときも歩いているときも話をしているときも、そこに気づきがあるとき、あなたの振る舞いはまるで舞踏家のような優美さを持つようになるでしょう。

ここに興味深いお話があります。

『ある修行僧が何年もの修行を積んだ後に師のところに戻ってきました。彼は意気揚々と師との面会に向かいました。魂の浄化について、精神性についての答えは彼とともにありました。

その日は雨の降る日でした。

奥の部屋に上がって師と対面したそのとき、師は彼にこう尋ねました。

「玄関先でおまえは傘をぞうりのどちら側に置いたかね？」

突然の問いに彼は戸惑い、思いました。――傘をどちら側に置いたかだって？　そんなことが魂の修行にどう関係するというのだ？

その戸惑いを見て、師は言いました。

「もう一度旅立ちなさい。そしてあと7年したら戻ってきなさい」

僧は言いました。

「あと7年ですって⁉　傘の置き場所をおぼえていないということがそんなに大きなミスなのですか？」

師は答えました。

「失敗に大きいも小さいもない。単におまえは瞑想的に生きていなかったというだけのこと」』

生の神秘を語ることではなく、それを生きることをおぼえておきましょう。

人格数8の人たち

金銭や力にかかわる8を人格数に持つために、この人たちは往々にして他人の欲望を投影されがちです。力強さを羨むとか、妬むとか、反発されたり、もっとひどい場合は攻撃されたりもするでしょう。そんな中で自分自身のハートの望みを叶えようとするとき、戦士のように戦いの姿勢でのぞむこともあるかもしれないし、子を持つ母親の防御反応のごとく他人をはねつけることもあるかもしれません。

ケンカをしたいわけではないのに、なぜか力比べのようになると感じているとしたら、違った選択肢を試してみましょう。力の使い方で見失われがちな受容力が大切です。相手の攻撃に抵抗すると、二人の間にエネルギーがチャージされます。それはどこかに向かうしかなくなります。それを受け止め、そのまま相手に返したらどうでしょう？　向かってくるその力に手を添え、そっと相手の側に向けて返す——「柔」の極意です。相手の投影を個人的に受け取らないで、「この人は力を欲しているのだな」と理解すれば、どんなふうに返せばいいかがわかるでしょう。

恋愛や友人関係の中でいつのまにか父親役／母親役をしている自分を見いだしたなら、すぐにその役から降りましょう。相手が自分を必要としているという思い込みは捨て去るべきです。両親を投影するというのは事実よくあることですが、そこにある悲劇は、自分でないものになろうとするという不自然な行為が遅かれ早かれ重荷を感じさせ、純粋な愛を変形させてしまうことです。あくまで一人の男性／女性としてできることだけをするという位置にいれば、そこにある関係性は健康的に保たれていきます。寛容の精神は美しいものですが、何でもかんでも抱え込んでしまって、手放せなくなるという傾向にも気づくべきです。力強く目的に向かって進んでいっているように見えるこの人たちの憂いは、周囲の散漫なエネルギーをひとつにまとめあげていくという役割の中で、力を抜くタイミングを失いがちになることです。

いつもみぞおちに緊張があり、眠りは浅く、食事も不規則になり……、不健康な生活習慣がますます疲労を生みます。周囲の状態をまとめあげる以前に、自分の体と心と魂の調整が大切です。そのためには「休む」という許可を自分に与えないといけません。外に向かっているエネルギーを内に向けて、本日休業の看板を出し、シャッターを下ろすのです。そして体にチューニングしましょう。体は、たったいまあなたにとって必要なことは何かを教えてくれるでしょう。

あなたに十分な余力があるとき、人格のエネルギーは、全体を大きく包み込み、ものごとを組織的に動かしていく力を発揮します。ダイナミックな力の方向に惹きつけられ、事を起こしてそれを完結させることを望みます。

また、あなたはものごとを有効で正しく機能する方向に導きたいという強い欲求を持っているので、ますます組織的に動いていく傾向が強まります。ここで注意しなければならないことは、それが大きな力であればあるほど、本来の欲求である「事を起こして完結すること」から離れて、私利私欲の方向に動いていきがちなことです。あなたの見る世界と他の人びとの見るそれとは基本的に違います。あなたの役割はそこにあるエネルギーをまとめあげることであり、他人を支配することではないというのをおぼえておきましょう。

その意味でも、あなたは「力」の働きを肚で理解する必要があります。指示、能動、支配だけでは、事を動かすことはできません。男性的な攻撃性と、女性的な受容性のバランスが保たれていてこそ、あなたは本当のパワーの中にいることができます。自分が他人や状況をコントロールしようとするのを感じたら、そんなことをする必要はまったくなく、ただ自分の持つその力の中にいればいいだけなのだということを、自分に言い聞かせてください。

地面に落ちた種がやがて芽吹き、土の中から根が栄養素を吸収することで、茎が伸びて花が咲きます。雨が水をもたらし、太陽が光を運び、花はますます色づきます。季節が過ぎ、その花も散っていくときがやってきます。そんなふうに、ものごとが自然に完結していくのを見守ることがあなたの役目です。

大きな器を思い浮かべてください。あなたはそこに入ってくるものを見極め、それを正しい位置に収まるよう手を添え、また新たに入ってくるものに目を向ける……単にそれの繰り返しです。そこには「あなた」はおらず、ただ状況を見守る「眼」があるだけです。このコツをいったん知ったなら、あなたは生のもたらす豊かさの中で、自分自身を高めていけるでしょう。

人格数9の人たち

すべての質を含む9はどの位置にあっても豊かさの香りを運んできますが、人格にそれが表れることで、「いろんな局面を持った人」と受け取られるでしょう。あえてこの人格数をカテゴライズしようとすると、力強さもあれば繊細でもあり、子供のように無邪気な面もあるけれども妙に大人で、どんなふうにも見えるということになってしまいます。いわばそれがこの人たちの特徴というように理解すべきでしょう。

恋愛関係においてもつかみどころのない人と思われがちですが、彼らの温かさは比類なきものであり、身近な人たちはその心地よさゆえにすべてをゆだねたくなります。彼ら自身もそして彼らにかかわるほうも、そのことをおぼえていないと、まったく境界線がないかのような関係性の中でお互いを見失うでしょう。そして、どんな人にとっても自分の領域を守るための境界線を引くことは健康的な関係を保つ上で大切なことです。

これは、どのような状況に対しても、どんな人びとに対しても、共感し、理解することができる質を持つエネルギーです。それがうまく行動の中に取り入れられるなら、あなたは一人の成熟した個人としての振る舞いを身につけていくでしょう。ところが、あくまで知的理解だけで受け取ってしまうと、慈悲は同情になり、共感は自己同化になってしまいます。人びとの体験を、まるで自分のことのように感じてしまったら、あなたは単に混乱するだけです。このエネルギーの

9

純粋なクオリティを忘れないことです。同情はあなたを相手の感情の中に見失わせてしまいますが、慈悲は相手とともに在ることができます。他人と同調するというのは、実はとても表面的なことです。このエネルギーにチューニングするためには、あらゆる状況に対して、自分を限りなく明け渡したままでいるということが鍵でしょう。言い換えれば、いかに空っぽでいられるかということです。

映画のスクリーンには映像が映し出され、そこで物語が繰り広げられますが、スクリーンは真っ白なままです。それと同様に、人生の中で繰り広げられる人びとの夢や希望、憂鬱や悲しみは、意識というスクリーンの上に映し出されるものであるべきです。真っ白なスクリーンを忘れないでいましょう。そのときのあなたの人生は、ただただ分かち合うことの喜びがあるだけです。純粋な愛のエネルギーがあなたを取り巻き、あなたは「何をしていても幸せ」でいられるのです。

「神との食事」というお話があります。

『一人の小さな少年が神さまに会いたがっていた。彼は、神さまが住むところへ辿り着くのは長い道のりだと知っていた。そこで彼は旅行カバンを用意し、トゥインキーズ（アメリカのスポンジケーキ）とルートビアを6パック詰め、旅を開始したのだった。通りを3つ越えた辺りで彼は年老いた女性に会った。彼女は公園に座って鳩を見つめていた。少年は彼女の隣に座って、旅行カバンを開けた。彼はルートビアを飲もうとしていたが、その老女がおなかをすかせているのに気がついたので、トゥインキーズを差し出した。彼女はとても喜んで彼に微笑みかけた。彼女の微笑みがあまりにすてきだったので、少年はもう一度見たいと思った。それで彼はルートビアを差し出した。ふたたび、彼女は少年に微笑んだ。少年はうれしかった。

彼らは午後の間中そこに座って、食べ、微笑み合ったが、何ひとつ言葉を交わすことはなかった。暗くなってくるのにしたがって、少年は自分が疲れていたことに気がつき、立ち去ろうとしたのだが、二、三歩足を進めたかと思うと、彼は老女のところに戻って彼女に抱きついた。彼女はいままでにないほど大きく微笑み返した。

少年が自分の家のドアを開けて入ってきたとき、彼の母親は少年の顔に歓びを見いだして驚いた。彼女は尋ねた。「そんなに幸福そうにして、いったい何があったというの？」

彼は言った。「今日ボクは神さまとお昼ご飯を食べたのさ」。母親はそれには答えなかったので、彼は付け加えた。「知っている？　彼女はボクが見たこともないほどステキに微笑むんだよ！」

その頃、歓びに満ちあふれた老女もまた、彼女の家に戻っていた。彼女の息子がその顔にあふれている歓びに目を留めて言った。「お母さん、何があってそんなに幸福そうな顔をしているの？」

彼女は言った。「私はね、公園で神さまと一緒にトゥインキーズを食べたのよ」。息子が何かを言おうとする前に彼女は付け加えた。「知っている？　彼は私が思っていたよりもずっと若かったのよ」』

人格数11の人たち

彼らは豊かな感性をつねに武器にしてきます。感じやすさをその振る舞いの中で惜しげもなく出してくるとき、この人たちに怖いものはありません。何から何まで、「私はこう感じる」というだけで具現化されてしまうのです。そのトリックに気づくことは、こちら側だけではなく、彼らをも手助けします。強い感受性のせいで、自分のインチュイション（直感）とイマジネーション（想像）をごちゃまぜにしてしまうというのはよくあることですが、もともと豊かな感性を示していることの質を、特殊能力だと言ってしまうのは間違いです。スピリチュアリティのゲームに巻き込まれないで、せっかくの感性を自分の生活そのものを豊かにするために用いることです。

青い空に浮かぶ白い雲が、龍や白馬に姿を変えるとき、私たちはおとぎの国に入っていきます。大きな口を開けた龍はやがてライオンに変身し、白馬が空を飛ぼうとした瞬間、背中には羽が生えるでしょう。その後ろに現れたのは、髪の長い乙女。もちろん天使たちも登場します。そして、雲の合間の真っ青な空間を目にした途端、全身がその中に吸い込まれていく――。存在とひとつになるのです。

あるいは森の中を歩きながら音色の違う小鳥たちのさえずりを耳にしていると、サラサラと葉っぱが擦れるような音を出して、コロボックル（森の妖精）たちが近づいてくるのがわかるでしょう。彼らのクスクス笑いがハートをくすぐります。何度振り返ってもそこには誰もいません。が、あなたは彼らの存在をあまりにもよく知っているのです。

豊かな感性とはそんなふうに、誰もが持っていて、しかし多くが忘れてしまっている感覚のことです。それをうまく使っていくなら、あなたの振る舞いの中に繊細な美しさが加わります。それはそよ風のようにやさしく清らかで、森の中の湖のように透き通っており、クリスタルボウルのような響きを持って人びとを包み込むことができます。そして、それ以上の何を望むことがあるでしょう?

確かにあなたの感じやすさは、他人に対してある種の効力を持ちます。人はあなたの繊細な感性、あなたから生まれる豊かなアートに惹きつけられるでしょう。5のカリスマ性とはまた違った意味で、周囲の関心を集めることになります。ですが、あなたに求められていることは、自身の感性に呼応するものごとを周囲に提供していくことであり、けっしてカリスマになることではありません。そのことをはっきり自覚していないと、あなたのエゴは満足しても、プライベートな生活は不安定なままになるでしょう。そして、そんなあなたを助けられる人はいません。

神やハイアーセルフがパートナーを見つけて結婚式の準備を整え、家を建ててくれるわけではないのです。そして、あなたには自分自身をケアするための能力が十分備わっています。

恋愛において、あなたの繊細さは傷つきやすさと勘違いされがちです。あなた自身が勘違いしている場合もあるでしょう。傷つきやすいというのは弱さや脆さを示しますが、繊細さとは豊かな感性です。もちろん感受性が強いということでもあるので、相手の感情を拾ってしまい、そのことで悩んだりすることはあるかもしれません。あるいは、相手の考えを察知し、先回りしてしまうために、自分のほうから相手にゆだねることが苦手かもしれません。たとえば三角関係になったときに、自分から身を引く傾向があるのは、先が見えてしまうためですが、それは弱さとは別だということをはっきりしておきましょう。そうでないとあなたは自ら犠牲者の役を演じてしまうことになります。それはあなたの感性を弱めるだけではなく、エネルギーの無駄ではないでしょうか？

自分がしていることに責任を持つことは大切なことですが、それ以前に自分が何をしているのかに気づかないといけません。その意味で、あなたはスーパーバイザー（監督者）を必要とします。それはあなたよりも体験の豊かなセラピストや尊敬する恩師かもしれません。その他、客観的にあなたを見守れることなら何でも役に立つでしょう。

もちろんこれはすべての人に当てはまることですが、特に人格数11のタイプには、人のことがよく見えるのに自分がわからなくなるというトリックにはまりやすいのです。そのことに悪い感情を持つ必要はまったくありません。単に足りないところを補うというだけのことです。そして、あなた自身の振る舞いに他人の視点が加わっていけば、「豊かな感性」という武器をより軽やかに楽しみながら使っていけるのです。

人格数22の人たち

彼らはとても落ち着きがあり、それでいて力強い雰囲気をもたらす人たちです。彼らの視点はつねに遠くにあり、広範囲のものごとに向けられているでしょう。たとえば連続テレビドラマの主人公がどうなっていくかにはあまり関心を示さない代わりに、世界中で話題になっている書物はしっかり読んでいるほうかもしれません。ひと昔前で言えば、「ハリー・ポッター」シリーズを読んでいない人などというのは信じられないのです。それは作品のおもしろさというよりもむしろ世界のあちこちで起こっていることを把握しておきたいという願望に基づいた行動です。世界情勢にも詳しいほうですが、庭先のつぼみが顔を出しても見落としてしまうかもしれません。

この人格数の長所は、ある状況に起こっていることの全容をつかむのに秀でていることです。そして欠点は、そのために詳細が見えないということでしょう。彼らに状況の中にある複雑なやりとりを伝えるのは至難の業です。ところが、この人たちの幸運は、身近なところにかならずと言っていいほど詳細を把握するのが得意な人がいることです。自分一人でものごとを進めていこうとしないで、チームワークを心がけていれば、必要な手助けが得られるのです。この幸運を大切にしましょう。

自分で何もかも処理する必要があるように見えるときでも、落ち着いて周りを見渡してみることです。一人で責任を負おうとする行為をギブアップして、必要な助けは正しいときにかならずやってくるという信頼とともにいましょう。

宇宙と大地をつなぐという方向でものごとを捉えようとする彼らの感覚は確かに風変わりで、普段の会話にも何か特別な香りを感じさせるでしょう。「どこか変わった人」といった印象を与えるかもしれません。異邦人的な雰囲気があるのです。でも、基本的には4の、安定とくつろぎの質があるため、彼らのそばにいると安心感が得られます。そのため人はただ単に近くにいることを好みます。ところがこの人たちの関心が人と人のつながりにはあまり向けられていないために、会話が弾むことはまれで、お互いの間にうまく橋がかからないといった感じがあるかもしれません。

そういうわけで、彼らを本当に理解するのは簡単ではありませんが、その大きな視野から見た世界観が彼らをくつろがせているらしいことは、彼らのゆったりした姿勢に表れているのではないでしょうか？　彼らが本当に人とかかわるためには、何か大きなプロジェクトが必要なのかもしれません。

映画『ウォーチャイルド』のエマニュエル・ジャルはアフリカ生まれ。子供の頃に戦争にかり出され、家族や友人を殺した敵への復讐のために戦ってきました。ところがその戦争はオイルやダイヤモンドを奪い合う権力者たちの戦いだという事実を知ります。そこで彼は気づいたのです。アフリカの子供たちに必要なのは、飛行機からばらまかれる食べ物ではなく、広大な土地を耕すための工具であり食物の種であり、そして何よりも知性を身につけるための教育なのだと。それによって子供たちは真実を知り、自分たちの生きる権利を主張する勇気を持つことができるのです。アフリカの子供たちに教育を！　エマニュエルは歌うことでこのメッセージを世界中に届けようとしています。世界中の人びとの心を動かした彼の行動力は、22の人格数を持つ人にとって共鳴できる要素がいっぱいだと思います。そしてまたアフリカという広大な大地に生きる人びとの姿からも学ぶところがあるのではないでしょうか？

内面がどうであれ、落ち着きのある振る舞いをしがちなあなたの態度に、周囲の人びとは安心感を見いだし、つい相談事を持ちかけてしまったり、愚痴をこぼしたりしがちでしょう。けれども、あなたはつねに誰とでもくつろいでいるわけではありません。いつも頷いていられるわけではないのです。他人の感情のゴミ捨て場にならないように。自分のゴミは自分で始末するべきということをきちんと伝えましょう。

十分な時間をかけ、地道に、忍耐強く、ひとつのものごとにかかわっていくという態度は、あなた自身の目的を達成するための大きな鍵となります。まったく自信がないことでも問題ではありません。落ち着いて、自分が本当に感じていることを、ゆっくりと言葉にしてみましょう。そういう正直さの中からすばらしいアイデアが飛び出すこともあるはずです。エマニュエルの忍耐力、洞察力、そして行動力から、あなたにもある同じ要素を吸収してほしいと思います。

人格数がない人

たとえば、青井　愛（ＡＯＩ　ＡＩ）という名前は母音だけで構成されています。子音がまったくないので、人格数がないということになります。

これは非常にまれな例ですが、その場合はハート数と表現数だけを読み、人格には特徴的なものがないという読み方になります。この例では母音の合計である8の、力強さを求めるハートを読んだ上で、表現数の8を読んでください。人格数のない人には、盾となるようなものがありません。したがってハートのまま、感じたままを表に出していくことになるでしょう。こういう人は、きっとユニークな人物に違いありません。

社会への貢献を示す

表現数

——適職を探すのではなく、

自分のリソース（資源）を見つけたら、

あなたはきっとあなたを好きになる

表現数1の人たち

ハートと人格がどのような組み合わせにあるとしても、「これが私」という自己表現をすることが、社会への貢献となります。その「私」は、あるときには朝露の輝きほどクリアで新鮮でしょう。またあるときは、どんより曇った空のようかもしれません。ハートの望みと人格の振る舞いが調和していてもいなくても、これがたったいま自分に起こっていることだというのを包み隠さずストレートに表現することで、あなたの周囲に光が射すのです。

不明瞭だった事柄が細部まで見えてきて、自分の中にあったかもしれない混乱の雲が消え去ります。光の中ではすべてがあるがままの姿で顔を出します。何をして何をしなくていいのか、どこに歪みがあって、どこによりリソース（資源）を見いだせばいいのかが手に取るようにわかるでしょう。「私」は自動調整され、太陽の微笑みが戻ってきます。

あなたは自分の望んでいることや、自分の能力、才能といったことには比較的気づいているほうですが、それを抱え込むのではなく、はっきりと口にする勇気を持ってこそ前に進んでいけます。一般的に言う「自立」は依存の裏返しであることが多いです。人に頼ってなどいられないとか、あいつにだけは負けたくないという発想は、動機づけとしてはいいのかもしれませんが、それが自立だと思い込んでいたとしたら、未来は苦労の連続でしょう。これは社会的に自立して独自に仕事を展開するということではありません。個人としての、あるがままの自分を生きること

1

についてです。それは私たちが生まれながらにして持っている権利なのです。

あなたの積極性、行動力、自信に満ちた態度は、仕事（学業）をしていく上で大きなプラス面となります。周りからの信頼を得て、気持ちよく仕事を進めていけます。ただし、これはあなたがはっきりと、自分の方向性を定めたときに起こることであって、肝心のあなたが自分に不信を抱いていたり、楽しんでやっていない限り、むしろ周りの人をきりきり舞いさせるばかりでしょう。目的志向になっていないか、独りよがりでものごとを推し進めていないかを、つねに確認しましょう。

あなたがその中心にいる限り、あなたはこの社会の中で一人の個人として生きていくことを楽しむでしょう。つねに革新的であろうとし、状況の中で自在に道筋をつけていきます。そのため、自然と先頭に立ってものごとを推し進めようとしている自分を見いだすことが多いでしょう。

もし、それとは正反対に、引っ込み思案になってしまうとか、人前に立つことができないと感じているとしたら、それはあなたが「自立」ということに特別な苦手意識を持ってしまっているからだと考えられます。あなたにとっては自立の道はあなたらしくいることの表現法のひとつです。そして、それを受け入れれば受け入れるほど、あなたの人生は活気に満ちたものになります。

たとえば、あなたは人から指図されるような仕事を好まなかったり、人と同じことをするのにも、自分なりの方法を見いだしていくほうではありませんか？　それがまさに、自分らしくいるということの表れです。そのことに自信を持ちましょう。それでいいのだという許可を、自分に与えてあげることです。わがままだと自分を判断したり、無理に協調性を見いだそうとするのは、正しい道ではありません。あなたがあなたでいる限り、オフィスワークから専門分野の技術者まで、あらゆる職種における、さまざまな職場で活躍の場を見いだせます。

ひとつの分野で、独自の発想からまったく新しいスタイルで仕事を始めるとか、組織の中でもつねにリーダーシップを取ったり独創的なアイデアを持って仕事にかかわるでしょう。そして周囲はあなたのそういう積極性にエールを送ります。家庭内など、より小さな単位の中にいても、あなたはつねに何か新しいアイデアとともに家族や友人にかかわっていくことを楽しむので、みんなの人気者でしょう。

1の表現は輝く太陽です。新しい朝が明けたことを知らせ、生きとし生けるものたちに生命力を送り、そして1日の終わりが来ると、今度は自分自身の滋養のために地平線の彼方に沈んでいきます。太陽はただ輝いているだけ――あるがままを表現しているだけです。そして、私たちはその明るさに目を覚まし、1日の始まりを知ります。生きていくためのエネルギーが降り注ぎ、私たち一人ひとりが同じようにその恩恵を受けられるのです。

表現数2の人たち

この人たちの社会での役割は人と人との間の懸け橋となることです。人格やハートに2がある場合はもっとその質が強まるでしょう。彼らの本質がその場にあるものごとをつなぐ、あるいは調和させるという質を持っているため、彼らの存在によって、まるで突然虹がかかったようになるのです。そこにはどのような努力も必要ありません。

どこか険悪だったり、きちんと向かい合えていない二人がいる部屋にこの人が入ってくるだけで、部屋の空気が変わります。二人は何となく話をし始めたり、急に和んできて、だんだん距離を縮める方向に動いていくのが不思議です。あるいは、まとまりのない議論に無駄なエネルギーを費やしているグループに彼らが加わっただけで、その場が落ち着き、行事の進行がスムーズになるようなこともしばしば起こります。この人の存在自体が調和を育んでくれるのです。

この表現数の人たちはサブの仕事でその能力を発揮します。人の才能を見いだし成功に導く芸能マネージャーや、有能な秘書にこの数の人を多く見かけますが、もしそんな彼らが二番ではなく一番になろうとすると、かえって状況は停滞するでしょう。それはけっして彼らが一番になれないということを言っているのではありません。リーダーではなく、サブとしてリーダーを補助するという役割に徹したときこそ、彼らの本質がもっとも輝くのです。言うならばサブリーダーとして一番なのです。

独立した仕事を持つ場合は、接客業など、人に接する仕事がいいでしょう。もちろん他の数の作用で違ってきますが、往々にして、何かの研究に打ち込むなど仕事上で孤立する状態にいると、せっかくの協調性は活かされないばかりか失われてしまいます。

直感を活かす仕事を好むかもしれませんが、その場合も直感を使って何かをしようとするのではなく、人と人の懸け橋となるというかかわり方が要点です。直感＝エネルギーを読むような仕事、という発想から離れて、どんな仕事でも直感的にかかわっていくなら、あなたの持っている調和のエネルギーが活かされていくのです。

あなたのもたらす調和のエネルギーが関係性をつねにスムーズなものにしてくれるので、総じて社会生活が送りやすいほうだと言えます。外交官、コーディネイター（調整役）などでも手腕を発揮するでしょう。ただし、自分の本心を曲げてまで、関係性の中にいる必要などないことをおぼえておきましょう。育った環境や社会的な条件づけから、そういうことが習慣になっていると感じているなら、降参することなく、自分を主張することを忘れてはなりません。自分を表明することと協調性とは、まったく別なのですから。そのことを踏まえた上で、やってくるあらゆる状況に心の底からイエスを言うと、あなたの人生は、もっとも望んでいた方向へ導かれていきます。

世間の慣習や、一般的な判断といったものに流されることなく、自分がいまいる状況の中で心地よくいられるスペースを見つけ、そこで得られるフィーリングに身を任せていきましょう。あなたが求め続けてきた生全体のエネルギーとの融和がそこにあります。

あなたは不協和音が大嫌いで、自分からノーと言うことに、人一倍難しさを感じがちです。あまりよく考えもせずに、安直にイエスを言ってしまうのはそのためです。一言で言えば、あなたは「いい人」なのですが、何事も度を過ぎると問題が生じがちだということをおぼえておいてください。

周囲との調和を求めるあまり、何とかしてバランスの取れた状況を作ろうと苦心し、そのことに奔走して、自分のエネルギーを費やしていては、あなたの本当の望みを得るためのエネルギーは失われてしまいます。ここでいま一度あなたのハートの望みを再確認しましょう。そして何よりもそれを優先することです。

自分の真意を明らかにすることで、あなたにとっては苦手な状況がやってくるという事実を受け入れるのは、けっしてたやすいことではないでしょう。あなたのわずかな許容力でその中に飛び込んでしまったら、危険が待っている感じがするというのもわかります。ですが、真の知恵を学ぶにはガッツがいるのだ、という受け止め方をしてみるとどうでしょう？　そのガッツさえあれば、混沌の中に自分を見失うことなく、自分とその状況を受け入れることができるのです。

そこにはより大きな何かがあなたを待っています。発見されるべき新しい次元がそこにあるのです。

表現数3の人たち

明るさや楽しさ、そしてクリエイティビティがこの人たちの表現に表れるとき、その活発なエネルギーは周囲に明るさをもたらします。ハート数が3なら余計にそうでしょうが、彼らは自分が楽しむために楽しみを作り出し、周囲の人たちが一緒に楽しめるという状況を楽しむ人たちです。

しかし、だからこそ浅はかなおしゃべりに時間を過ごすとか、音楽を聴きながら携帯メールを書いて、おまけにテレビのチャンネルをいじるなど、表面的な楽しみの次元で無駄な時間を過ごしてしまわないよう気をつけてください。それは、彼らがまだ本当には〝表現する〟ことの楽しさに気づいていないということでしょうし、自分が何を欲していて、何を求めていないのかを知らないということでしょう。

思い出してみましょう。私たちは魂が前世でやり残したことを今生で全うするために生まれてきたはずです。いつまでも表層部で無駄な時間を過ごしているのではなく、いまこそ深みにジャンプしてみることです。より深い次元で自分が楽しいと感じることを探してみましょう。

ヒントは〝ハート数の望み〟にチューニングすることです。それは確実にあなたのハートの中に隠れています。ハートにつながり、耳を傾けてみましょう。色や香りを見つけて、そこにある感触を感じてみるのです。それは人とかかわりたがっていますか？　それともより独りのほうに

3

導かれている？　あるいは内側の安定こそハートをくつろがせることができるのでしょうか？　自分の望みを知っている人は、やがて、それを叶えるために何を集めていけばいいのかを見つけ出すでしょう。そしてそれが手に入ることを徐々に感触として得ていきます。それゆえ何をしていてもその一瞬一瞬を楽しむことができるのです。このロジックが理解できますか？

いったんその楽しみを得たなら、それを身近な人と分かち合うことで、楽しさはどんどん倍増していきます。さらにじっと見守っていくと、彼らはだんだん社会における自分の役割に気づき始めるでしょう。本来的に彼らは人を楽しませることが好きだし、ものごとが人から人へ分かち合われていくことをうれしく感じるほうです。ネットワークビジネスや接客業はピッタリかもしれません。または商品開発のチームに加わるなど、グループの中で彼らの創造性が活かされるということもあるでしょう。あるいはどんな職場においても、人びとがお互いに微笑み合える状況を作ることにエネルギーを費やしていきます。

自分の机の上だけではなく、周囲の人びとの机の上に花を飾りたいほうでしょうし、一杯のお茶をおいしく淹れることにさえ幸福感を味わえるというのがこの人たちです。何をしているかではなく、どんなふうに人生そのものを楽しむかが彼らの究極のテーマなのです。アート（芸術）とは、自分のハートからやってくる楽しみの表現であることを、彼らは思い出させてくれます。

あなたは本質的に何かを作り出す人ですが、その質を活かせない状況に押し込まれたり、独創性を認められない環境にいると、極端に否定的になり、何もかもが嫌になって人生を憎むことさえあるほどです。そこで勘違いしないように気をつけましょう。仕事は仕事、プライベートはプライベート。どのような職業に就いたとしても、自分のハートがワクワクすることを〝表現〟し続けることが肝心なのです。深く考えすぎてはいけません。単に人びとを楽しませてあげられるユーモアや、豊かな創造性の質自体が自己表現につながっているのを見守り続けることです。

子供のような無邪気さがあなたの魅力です。子供たちは飽きることなく新しい楽しみを発見していきますね？　そんなときには何が売れ筋で、何が時代遅れかなどと考えたりしません。自分が楽しめるということの中にこそ、大切な個性が、大切な宝物が隠れているのです。

世間のやり方に従おうとすればするほど、あなたの才能はしぼんでしまうということを忘れないでください。ここで言う創造性とは、けっして芸術的であるというようなことではありません。何に対してでも〝あなた〟がそこに表現されているかどうかが要点なのです。

あなたは、それが社交的な場所であればあるほど、明るい創造性の質を発揮できますが、基本的にあなたはあなた自身を愛していて、一人でいても満たされている、というのを忘れないでいてください。

表面的な遊びの感覚のもっと奥にある創造性のエネルギーに、つねにチューニングしている限り、あなたは幸福の見本のような人生を送るでしょう。

表現数4の人たち

4の基本的要素は「安定」であり、「普通であること」です。この人たちにとって、あたりまえの日常の中で自分がくつろいでいられるスペースを見いだすことは何よりも大切なことなのです。そのスペースから社会にかかわるなら、周囲に落ち着きやゆとりある雰囲気をもたらすことができます。

お金があることが安定ではないし、社会的地位がある人がかならずしも人間的に成熟しているということではありません。どのような環境や状況の中にあっても、内面に落ち着いたスペースを持っている人は、慌てず騒がずシンプルな生を送ることを喜びとするでしょう。

「普通であること」というのを「平凡さ」と勘違いする人は多いですし、一般的には「平凡さ」は「退屈さ」に通じていて、どちらかと言うと冴えない生き方の部類に入れられるようです。

しかし、「普通であること」は実のところとてもリッチな生き方です。ちょっと考えてみましょう。たとえば、お昼にランチを食べておかないと後でおなかがすいたときに困る、というような生活は本当に豊かな人生と言えるでしょうか？　体の自然なリズムを無視して時間が優先されているのです。それに逆らえということではありませんが、もし私たちがよりいっそう体の自然なリズムに合わせ、食べたいときに食べたいだけ食べ、眠りたいときに眠りたいだけ眠るようになれば、むしろ体は規則正しく機能し、日の出と共に目覚めて、日没とともに休めるようになる

4

のではないでしょうか？　ここに「普通であること」の豊かさを感じることができますか？

外側の保証を得るのはそんなに難しいことではありません。必死に勉強して公務員になる。好き嫌いを言わずに家業を継ぐ。家柄もよく真面目な人のところに永久就職する――そして何が何でも一生それにしがみつく、というような人生は先が見えていて、安定していることは間違いないでしょう。

でも、その人の内側は不安でいっぱいです。いつ、どこで、どんな事件が起こるかもしれないのですから。いくつもの保険をかけ、相手の行動を逐一確かめ、不信感を抱くたびに占い師に相談する……、そういう惨めな生き方を選んでいる限り、内面のくつろぎは得られないばかりか、ケチな頑固者になってしまいます。

内側の不安をくつろぎに変えるためには、しがみつくのをやめてみるしかありません。不安ゆえに抱えていたものを手放したときに、その開かれた手の中に何が残っているのかを見つめてみることです。そのときにそばにいる人が本当の相手だし、そのときに惹かれる仕事があなたの仕事でしょう。これにはある一定の時間がかかるかもしれません。怖くなってしがみつくというパターンが何度もやってくるでしょう。けれども、自分が何をしているかに気づいてしまった限りは、後戻りはできないのです。生ぬるいお湯から出て、熱い人生を生きてみることです。

いま現実に、本当に起こっていることは何なのだろう？　という問いかけと、その答えを見いだすことが、あなたの社会の中での役割です。そのため、あなたはあらゆる仕事の中で、空想や非現実的なものを排除してゆく作業にエネルギーを費やします。

ライフワークのようなかたちで、何が〝現実〟なのかをはっきり見定め、それを人びとに知らせるということを仕事にしていくかもしれません。またあなたはものごとの基盤を作る人です。そのどっしりとした存在ゆえに、人びとは安心してあなたの元を訪れるでしょう。あなたのエネルギーが基礎にあってその場を保護しているため、人びとは守られている感覚で気持ちよく事を進めていけるのです。

あなたは本質的に〝仕事人〟です。生産的なことにはつねに満足感を得るので、訪れるほうも、場を提供するほうも、お互いがうまく機能していけます。あなたのエネルギーの質はものごとを着実に積み上げていくという要素を含んでいるので、どんなことをするにも時間がかかるほうですが、ある一定の時期が来ると、放っておいても自然にものごとが動いていくという特徴があります。往々にして「長年の苦労は報われる」ということのようです。

草花や小鳥たちの生きざまを見てごらんなさい。彼らは何が正しく何が間違いなどとは言いません。そんなふうに、何がやってきても起こることはすべて正しいということを体験していったなら、あなたは自分と存在全体との間にある絆を、よりいっそう深めていくでしょう。

そして、周囲の人びとも、その信頼の質をあなたから受け取っていくのです。

表現数5の人たち

一瞬ごとにその状況にトータルにかかわる彼らは過去や未来から自由です。いまを生きることで、エネルギーは全面的に「いま、ここ」という次元に注がれるので、彼らのもたらす自由の香りが辺り一面に広がっていきます。

ところが、その彼らが過去や未来に引っ張られて全面性を失うと、気分に任せて片っ端から手をつけていき、すぐに放り出してしまうことにもなり得ます。エネルギーをただまき散らしてしまうのです。そんなときの彼らは乱暴でさえあります。5は多彩な才能を見せますが、いわゆる器用貧乏、どっちつかずになる危険性も十分にあるということをおぼえておくべきでしょう。「いい加減な人」というレッテルを貼られることのないように、気分が散漫になったときには、広い場所に行って大きな伸びをすることです。

社会に向けて、自分の生き方、考え方を提示していくという挑戦が彼らの人生でもっとも大切なことです。そのことに強い意志を見せる必要に迫られることもしばしばですが、周りと同調するような姿勢はふさわしくありません。順応しようとすればするほど欲求不満になり、反社会的な方向に押しやるでしょう。極端な逃避をもたらす可能性もあります。

たとえばお酒やドラッグ、セックスなど一時的な快楽を求め、それらに依存する傾向があるとしたら、それは社会に対するアプローチの仕方が間違っていることの証拠なのです。飲酒そのも

5

のに問題があるのではありません。でも、一時的な快楽に溺れてエネルギーを散漫にしてしまうことは彼らの本当の望みではないし、むしろ本来の挑戦から引き離してしまうことだということに気づいていくべきです。

何かがトゥーマッチだという感覚がやってくるときにはハートと人格のバランスが取れているかどうかを確認するといいでしょう。特にハートの声をよく聴き、自分が本当にやりたいことを、勇気を持って推し進めていったときにいったい何が起こるだろう？　という方向に動いてみることです。心と体の声に耳を傾け、これまで自分の冒険心を阻んできた、古いパターンを粉々に砕くというリスクを冒しましょう。あなたには、ブレイクダウン（挫折）をブレイクスルー（突破）に変容させるパワーがあるのです。

社会へのかかわりの中であなたは全面性から来る瞬発力を発揮すべきです。自在性と柔軟性を求められる分野ではもっとも特質を活かせるでしょうし、世間の流行をいち早くキャッチするといった感性は、メディアやファッション関係の仕事で大いに役立つでしょう。また、旅に関心を持ったり、特殊な技術や研究に没頭するのは、その行為や作業の中で、完全に独りでいられるというスペースを愛しているからです。それがあなたの望むものを見いだす鍵でもあります。内面にも外側にもどんどん旅をして、大いに自由な時間を満喫することです。

旅行代理店、キャビンアテンダント、ツアーガイドなど旅にかかわるあらゆる職業や、語学教師、ジャーナリスト、カメラマンなど特殊な技術を要する専門職などに向いていますが、もともとと器用なあなたはどのような分野においてもその才能を発揮しますし、カリスマ的要素を持っているため、おおむね望む仕事ができるほうです。有力な人びとの手助けが得られるという幸運を持っています。あなたがトータルに自分の生きざまを主張するなら、チャンスは向こうからやってくるということを信じてもいいくらいです。それよりもあなたにとって大切なことは、その幸運を無駄にしない生き方、つまり、エネルギーを浪費せずに、自分の挑戦のために使うことです。

瞬間ごとにトータルにかかわるというのはけっしてたやすいことではありませんが、このときけっして過去や未来を否定しているのではないことを理解しておきましょう。過去は学びのためにあるし、未来は可能性を探るためのものです。

それらがそこにあるのはまったく問題ではないのです。信号のない広い道を渡るときに左右を確認しないで渡るのは無謀な行為です。けれども右を見て、いつ何時車が来るかもしれないと思案し、左を見て、こちらに行くと何があるのかと思いを馳せてしまうと、いつまで経っても道路の向こう側に渡ることはできないでしょう。そこにある不安や思案は実体のないものだということがわかりますか？　それらを超えていくためには勇気を集めて足を踏み出すしかありません。しっかりと左右を確認したら、あとはまっすぐ前を向いて渡るだけなのです。

表現数6の人たち

この人たちはやさしく、フレンドリーな雰囲気を持っていて、気軽に話しかけやすく、いわゆる「いい感じ」がするでしょう。何を頼んでも滅多に断ることがなく、責任感も強いのが特徴なので、安心して仕事を任せられる人たちです。けれども、彼らの内面では大変なことが起こっています。やってあげた分は返してもらえるはずという期待感。私の必要性を感じ取ってもらえなかったという失望感。そして何よりも、責任を果たしたことに対してきちんと評価されたいという願望が人一倍強いのです。

彼らの悩みは、それをけっして口にできないことです。本人も大変でしょうが、こちらもどうしてあげればいいのかわからないという場面に何度も出くわします。重荷を抱える人は、無理をするからどんどん息が浅くなり、視野が狭くなり、うつむき加減で話すという特徴を持ちますが、そういう状態に気がついたときには、深呼吸し、360度を見渡して、胸を張ることです。

人は私を利用するだけだ、誰も本当には私を必要としていない、愛してもいない、と感じ、そういう思い込みで自己イメージを塗り固めてしまう前に、自分の内面にある願望や期待を見守るべきでしょう。あなたはけっして便利屋になりたいわけではありませんが、結果的にそういう役割を演じてしまいがちなのです。後先を考えずに「いいよ」と言ってしまうという習慣に気づくべきでしょう。

それは悪いクセです。他人のではなく自分自身のハートの望みにチューニングする練習をしていくことです。

基本的にあなたは与えることが好きですが、自分が満たされているときにこそ分かち合いは自然に起こるということを何度も自分に言い聞かせることです。「私は私を愛しています」というマントラは、人生をまったく明るいものにしてくれます。自分を愛する――そこが出発点です。いったんそのスペースが見いだせたなら、あとはただハートの喜びをあふれ出るままにしていればいいだけです。

セラピストやカウンセラー、ヘルスケアや福祉関係など、人を手助けする仕事はもっとも興味を惹くかもしれませんが、何でも器用にこなせるところがあるので、基本的に職種は選びません。自分のハートが喜ぶことをしていきましょう。セルフ・ヘルプの概念ですが、「人助け」ではなく「人が自立するための手助け」が正しい方向性です。

あなたはいつもハートの次元で、〝責任〟と〝気づいていること〟をテーマに社会にかかわっています。そのことに対して気持ちよくいましょう。ものごとに対して意識的でいるようにと言われるとき、人は緊張しがちですが、実はくつろいでいればいるほど、あなたは目覚めているのです。あなたは周りの人びとに対して、心からの気持ちを表現して、温かさを分かち合おうとします。そのときのあなたは、自分の幸福や、自己満足のために動いてはいません。むしろ、そうすることで、あなたのハートが喜ぶからしているといった感じです。けれども、注意しなければならないのは、たとえば一部の社会事業家や殉教者のように、自分に重い責任を課してしまったり、単に義務感だけで動いてしまわないようにすることです。それではあなたが本来持っている、本質的な愛のアプローチからは遠くかけ離れてしまいます。愛することにはどのような教えも、モラルも必要ないのです。

6の表現にピッタリの逸話があります。

『森の中に一軒の小屋があり、年老いた夫婦が一人息子と一緒に住んでいた。小屋の外には彼らが飼っているロバが1匹つながれており、2羽のニワトリが辺りを駆け回っていた。それが彼らの家族だった。ある寒い嵐の夜、外でニワトリとロバが鳴き声をあげていた。それを耳にした夫婦は心配になって彼らを小屋の中に入れることにした。1匹のロバと2羽のニワトリ、そして夫婦とその子供。一間しかない小さな部屋には座る場所もないほどだった。突然、ドアを叩く音がした。一人の旅人が尋ねた。「外はひどい嵐です。どうか一晩泊めていただけませんか？」夫は言った。「どうぞ、狭いところですが、お入りください」。息子は言った。「お父さん、座る場所がないよ」「それなら立てばいい」。父親は答えた。小屋に入った旅人は礼を述べたが、あまりの狭さに恐縮して言った。「申し訳ありません。しばらく休んだら立ち去ります」。年老いた夫婦は顔を見合わせ、微笑みながらこう言った。「私たちは貧しくて何もしてあげられません。せめて一緒に暖を取ることができれば、こんなにうれしいことはないのです」』

表現数7の人たち

まず初めにポーシャ・ネルソン著『5つの短い章からなる自叙伝』を読んでみましょう。

第1章
私は道を歩いていた。歩道には深い穴があった。穴に落ちた。
私は見失い……希望をなくした。それは私のせいではない。
出口を見つけるのにとてつもない時間がかかった。

第2章
同じ道を歩いていた。歩道には深い穴があった。それを見ないふりをした。また穴に落ちた。
同じ場所にいることが信じられなかった。でもそれは私のせいではない。そこから出るには、さらに長い時が必要だった。

第3章
同じ道を歩いていた。歩道には深い穴があった。私はそれを見た。やはり落ちた……それは習慣だ。私の目は開いていた。自分がどこにいるかわかった。それは私のせいだ。私はそこからす

7

ぐに飛び出した。

第4章

同じ道を歩いていた。歩道には深い穴があった。

私はその周りを歩いた。

第5章

私は他の道を歩いている。

表現数が7の人たちの社会への貢献は、自分の体験を通してものごとの深みにある真実を理解し、その理解を人に伝えていくことです。彼らが以前と似通った状況の中で同じような体験を繰り返しているのはそれなりの理由があります。

「また同じことをしている」と思っている自分を見いだすことが多いとしたら、それは状況から学んでいないということではなく、ものごとの本質を得たい、真実を理解したいという欲求が強いからです。『5つの短い章からなる自叙伝』はまさにその真髄を語っています。

ものごとの原点を追究しようとする彼らの姿勢は、時としてトラブルを生みます。一部の政治家や宗教家などのパワーゲームに真っ向から立ち向かっていくようなところもあるからです。または、支配者たちの嘘を許すことができません。これは正義感というよりもむしろ「本当のことが知りたい」という欲求なのですが、その追及が頭の中だけの堂々めぐりにならないよう気をつけるべきです。そうでなければ、政治批判と論争の日々を送ってしまうことにもなりかねません。その意味で、「独りの空間」は何よりも大切なバロメーターです。内面の静けさに何度も戻ってきて、そこでくつろぎ、無限に広がる空間を感じていましょう。「本当の理解」はそこで「起こる」のです。

あなたは体験を通して学ぶことが好きです。また、自分が学んできたことの価値ある部分を人に教えたり、分かち合っていくことに喜びを見いだします。それはあなたの社会に対する姿勢でもあるので、教職や研究者、探検家、コンピュータ関係など専門的な技術者や学者などが、あなたの選びやすい職業です。

また、周囲の反対が目に見えているような愛の関係や、誕生や死に関すること、社会の歪みに起こってくる人種問題など、人間の持つさまざまな課題に個人的なかかわりを持ちやすく、そこでの体験を通して人生の真理を学ぼうとします。それらの体験の核の部分を本当に理解することのない限り、そのような関係性から抜け出ることができません。相手が変わり、状況が違っても、同じテーマに何度もぶつかるといったことが起きるのです。

一般的な人の目からは、苦労が多いと受け取られるかもしれません。しかし、あなたは限りない探究心を持っており、真理を達成するためにここにいるのだということを思い起こしてみれば、領けることでしょう。探究のためならば、むしろ好んで混沌の中に身を置くのです。

群衆と溶け合うことは、あなたには適していません。また、結果が予測できることや、状況の渦の中に足を進めていくことはあなたの役割ではないため、社会において孤独を感じる場合もあるでしょう。しかしあなたは、寂しさにつながる孤独ではなく、絶対的な孤独とも言える「独りあること」の中でこそ理解できる、貴重な生の真実を得ようとしているのだということを忘れないでください。

人生を「問題の山」として捉えるか、「神秘の連続」として捉えるかは、まったくあなたの選択です。その選択に責任を持ちましょう。

表現数8の人たち

8の表現は力強く、寛容で、こちらがどんなふうでいても、それをそのまま受け入れてくれるという安堵感をもたらしてくれます。そのため、彼らの周りには自然に人の輪ができていて、しかもそれぞれが好きなことをしているので、その輪は自然に広がっていくのです。そんな中で彼らはその場のみんなと交流し、それぞれの特質を引き出していくということにだけフォーカスしているかのようです。その輪は外側に向かって延々と開いていっています。そのオープンさこそ、彼らが幸運を手にする鍵でしょう。

彼らは人の才能を見いだすことに長けており、それを発展させていくことに大変興味を持ちます。また、あらゆる状況において、必要とされているものごとの要点を、直感的に感じ取る能力があります。さらには、ビジネスを起こしていくことに、大きな自信と信頼を持っています。

これらの能力は大きな組織の運営から、さまざまな分野のアドバイザー、企業のコンサルティング、個人の心理カウンセリングに至るまで、どのような場面にも活かされるでしょう。そして彼らはどのような仕事をしていても、お金を作ることや、この世界から望むものを手に入れたりすることに有能です。

彼らをお金の亡者だとか権力志向だと指差しつつ、陰でその成功を妬んだりする人がいるかもしれませんが、それはとても不幸なことです。というのも彼らは非常に協力的で、人を援助する

8

ことを楽しむほうだからです。堂々と自分の意見を言うほうだからこそ、正直で直接的なアプローチを好みます。しっかりと胸を張って生きていこうとする人たちを全面的に応援しようとするのです。どちらかというと親分肌なのかもしれません。それは彼らの生来の質であり、本人が楽しんでいる限りはとても美しいエネルギーです。

とはいえ、自分の力を制御することなしに、より直接的に使うにはどうすればいいのかをこの社会で学ぼうとするとき、内面に持っているパワフルな力が、たびたび外にそのまま反映してしまうことや、自分の力そのものに対する恐れにも直面するのは当然でしょう。突然、何かわからない強大な力に押しつぶされそうになったり、自分が急に大きく膨らんでゆくような感覚を持ってしまうこともあるでしょう。そんなときは、心配せずにただそれを見つめていましょう。その感覚は、あなたがそれに慣れるまではあなたを不安がらせるかもしれませんが、やがて、それは単にそういうものだということがわかってくるはずです。

あなたの挑戦は、自分の〝力〟というものを信頼し、それとどう付き合えばいいのかを理解することです。もし、いまのあなたがその点に無関心だとすれば、あなたはまだ自分の本当の能力に気づいていないか、それを正しく使っていないということです。状況をしっかりと見守り、必要とされることへの指示を出す支配力と、受け入れ、包み込み、応答する、ハートからの受容力。この両方のバランスが取れた状態こそ、誤用されることのない、真の力です。

2つの統合があって初めて、あなた自身が信頼するに足る力がもたらされます。どちらか片方では、あなたの本当の力は開花しません。

こう聞くと、特に女性は「私はそんなにパワフルでもなければ、人をリードすることもない」と言うかもしれません。多くの場合、力に対する誤った解釈がそういう観念を与えがちです。もっと直接的に言えば、お金や権力に対して否定的なイメージを持っている場合、それを使うことを恐れたり嫌悪感を抱くことになるでしょう。嫌悪するようなものを自分が持っているなどとは認めたくないのはあたりまえのことです。ですが、認めていなくてもそれはそこにあるのです。先に述べたように、要点は自分に合った使い方を見つけることです。

8の表現数の全員がお金儲けに邁進するわけではありません。あるいは権力者になるわけでもないのです。ただ、その大きな力を認めて、表現の方向に持っていってあげないと、行き場を失ったエネルギーは内面で抑圧されてしまうということです。

たとえば、今日1日あなたが出会った人たち全員に、心を込めて大きなハグをするのはどうでしょう？　それも「あなたのパワーを使うこと」です。何もしなければ何も起こらないし、誰も困るわけでもありません。でも、そこに受け取る人がいてくれるからこそ、あなたのエネルギーは表出され、活用されて、あなたに戻ってきます。純粋な「力」は「愛のエネルギー」でできていることがわかりますか？

表現数9の人たち

いろんな局面を見せるという意味で、この人たちには役者のような質を感じます。実際に表現力も豊かだし、ユーモアのセンスもあり、クリエイティブで、大人の雰囲気を持っています。

そこにはプラスの面とマイナスの面があります。プラス面は人びとが彼らを慕ってくるということで、マイナス面はそのために彼ら自身のスペースがなくなりがちなことです。これは彼らにとって大きなジレンマでしょう。基本的には人が好きだし、人にかかわることも大好きです。でも、気がつくと自分のスペースがない――これはいったいどういうことかと首を傾げるかもしれません。これはバランスの問題というよりも、かかわり方の問題です。

彼らは境界線も引かずに無防備なまま相手を受け入れてしまうようです。あるいは相手の中に吸い込まれてしまうのかもしれません。相手が考えるように考え、感じるように感じることができるので、自然と相手に同調するのです。これは能力というよりもクセのようなものです。

そうすることが楽だからそうしているわけですが、彼らがこの表現数の中で学ばなければならないことは、きちんと境界線を引くこと。相手に合わせるのではなく、自分のスペースを保つこと。そして、自分のハートが感じることをただ見つめていること。そうしたとき、必要なことは必要なときに〝起こってくる〟のだと理解できれば、もっとたやすく人びととかかわっていけるでしょう。

インドに伝わる昔話があります。

『10人の盲目の人たちが川にやってきた。川は轟々と流れており、彼らはしっかりと手をつないだ。向こう岸に近づいたとき、一人が提案した。「私たちは数を数えるべきだと思う。流れは強力だったし、私たちは目が見えない。誰かが風にさらわれ川に流されたとも限らない」。そこで彼らは数え始めた。奇妙なことに何度数えても数は9人で終わった。全員が試したが、何度やっても9人で終わった。岸に座っていた一人の男が笑った。——それはおかしな光景だった。10人の盲目の人たちは座って泣いている。というのも一人の友人がいなくなってしまったからだ。男は近寄って言った。「どうしたというんだい？」。彼らは起こったことを告げた。そこで男は言った。「1列に並ぶがいい。私が最初の人を叩くから、そしたら叩かれた人は1と言ってくれ。2番目の人を叩いたら2と叫ぶ。私は2度叩くからね。3番目には3度叩く。だから3と叫ぶんだ」。不思議なことに、彼らはいなくなったはずの10番目の人を見つけた。彼らはみな感謝の言葉を述べた。彼の足に触れ「あなたは私たちにとって命の恩人です。私たちは一人の友人をなくしたと思っていました。でも、どうか教えてください。私たちも数えたのです。みんなが試したのに何度数えても10番目はいなかったのです。彼はどうやって急に現れたのですか？」と言った。男は言った。「それはお前たちにはわからない古代の神秘だ。お前たちはお前たちの道を行くがいい」と』

さて、このお話の中の古代の神秘とは何でしょう？　それは、人は自分自身を忘れがちだということです。実際に人は自分のことを思い出すことなく全人生を生きています。彼はすべての人を見て、すべての人を知ります。ところが彼自身を忘れてしまっているのです。

この社会に対するあなたの貢献は、慈悲と理解、そして寛容さを分かち合うことです。これは、何か特別なことをしろということではありません。日常の中で、あなたがハートから感じることを分かち合っていけばいいだけなのです。たとえばあなたは、自分の利益よりも、少しでもたくさんの人が幸せでいられる方向を考えます。これはひとつの才能です。あなたのモットーだとも言えるでしょう。そのことにイエスと言い、そういう自分を認めることです。

ただし、そこで他人の感情に巻き込まれて、真の自分の方向性を見失うことのないよう気をつけなければなりません。慈悲と同情の違いを知ることは、あなたにとって大切なことなのです。そして、〝あなた自身〟をけっして忘れないことです。

人の感情に同調しやすいという質を上手に使うなら、相手の深みにある問題を理解できるので、役者はもちろん、セラピスト、カウンセラーという仕事に向いています。これはいかに感情移入しないで他人にかかわるかのいいレッスンになるので、むしろ自分自身のためになる仕事だと言えるでしょう。また9は3の創造性を含んでいるので、非常にたくさんの創造のエネルギーがここにはあります。それをハートから起こさせることが鍵でしょう。

表現数11の人たち

彼らの人生のテーマは自分の持っている豊かな感性を社会の中で活かしていくことです。感じたことを感じた通りに表現し、伝えていく――そのことがそのまま社会への貢献となるのです。それはけっして難しいことではないし、複雑なことでもありません。感度のいいステレオから出る音はより鮮明で耳に心地いいですが、この人たちの感性から伝えられる〝声〟の中には、明らかに共感できる真実の香りが含まれているのです。

彼らは左脳よりも右脳を使うことに才能を発揮します。ミュージシャンや画家はもちろん、手芸家、料理人などもその中に含まれるでしょうが、何であれ感性が問われる分野の仕事に向いていると言えます。また自分自身が芸術を作り出す立場でなくても、どこかその香りがあり、それに携わる部分があれば、彼らは大いに満足するはずです。

宝石店で働いている女性がいました。彼女はもちろん石自体にも魅力を感じていて、石に触れていられることが楽しくてこの仕事を選んだのです。でもそれ以上に、客から感じ取れるバイブレーションからもっともフィットするものを選び、ビロードの布の上に乗せて目の前に出すときの興奮がたまらないのだそうです。それを手に取ったお客さんから「ピッタリだわ！」という返事が返ってくるときに、最高に幸せな気持ちになるのだと言います。そこに自分の能力に対する評価を見いだしていいるのもすばらしいことですが、人びとの質を感じ取れることの喜びも大きい

11

のではないでしょうか？　そういうふうに見ていくと、彼らの特質はいろんな分野で引き出される可能性があるということが想像つくでしょう。「アート」だけにこだわらないでほしいと思います。

逆に彼らにとって難しい仕事は、スーパーのレジ係などの単純作業や、会計、経理、受付係などでしょう。1日中電話の応対だけというような仕事では、彼らの感性を活かすのはなかなか困難です。もちろんそれらをチャレンジだと思ってやってみるのはいいことかもしれません。その場合は、社内や社外で趣味のサークル活動に参加するなどして、職場以外の場所で創造エネルギーを使っていくことです。つまり、どんな仕事に就くかにこだわることなく、日常の中でいかに創造性のエネルギーを使うかが大切なのです。

何かサイキックな方面のことにかかわるとしたら、それは自分の能力を発展させるためではなく、生の神秘の体験を得るためだということをおぼえておくことです。また他人に対してもそのようにかかわりましょう。

精神性と同じくらい体にいることの大切さを見つめていくことが、あなたの社会へのかかわりを確かなものにするでしょう。疲れやすいとか、神経症的だと感じているなら、体のメッセージをしっかりと受け取り、体質改善にエネルギーを注ぐことです。健康的な生を生きていってこそ、豊かな感性は活きるのです。そのことをしっかり肝に銘じておきましょう。

あなたの繊細さや優れた直感力を社会で活かしていけるのはすばらしいことです。けれど、オカルティストや、霊能者や、ヒーラーとして生きることが求められているわけではないということをいま一度見つめてみましょう。では、あなたはいったいどんな人生を求めているのでしょう？いつ、誰と、どこで、どんなふうに生きていきたいのですか？

人に何かをしてあげたいというのはある意味とてもあたりまえの感情です。でもそれをすることで〝あなた〟は何を得たいと思っているのかを明確にしておくべきです。そうでなければ、あなたの人生は、広大な海に航海に出たまま戻らない船のように一生さまよい続けることでしょう。

生の神秘は本当に計り知れないものです。それはすべての人たちに降り注いでいます。そこで自分こそがそれを伝える役割を担っているという姿勢を持ってしまったら、あなたはせっかくの能力を失ってしまうでしょう。エネルギーが枯渇するからです。その繊細で豊かな感性を、表現することの中で使っていくことが、あなたに求められていることです。

たとえば、あなたが感じている神秘の世界を描いてみてはどうでしょう？　その感動を、表現することで伝えるのです。あるいは、単にそれを歌にしたり、詩にしてみたりすることで分かち合えるかもしれません。一言で言うなら、救世主になるのではなく、創造主でい続けることなのです。

表現数22の人たち

この人たちは限りなく大きな視野を持ってこの社会にかかわろうとしています。NPO（非営利団体）の活動やソーシャルワークに関心を持つというのはとても自然な成り行きかもしれません。援助を必要としている人びとを手助けしたいということ以上に、地球レベルでものごとを捉えていくことが彼らの仕事への熱意を高めてくれるのです。4の保護するエネルギーや実用的な質も手伝って、リサイクル運動などを通して環境問題にかかわったり、自然環境保護のために働いていくことにも喜びを見いだすかもしれません。

また映画製作や都市建設など、そのプロジェクトが大きければ大きいほど、彼らはそれをやりがいのある仕事と受け取るようです。俳優、音楽家、作家などでこの表現数を持つ人たちの多くが国際的に活躍しているというのも、彼らの行動範囲が幅広いことを示しているように思います。日本人セラピストでこの表現数を持っている人たちの中にも日本と海外を行ったり来たりする人がけっこういるというのも興味深いことです。彼らの関心は人間の心理についてですが、自国にとどまらずにいろんな国民性から学び取ろうとしているということなのだろうと思います。

彼らは目先のことだけではなく、その向こうにある可能性の部分に意識を向けていくので、驚くようなアイデアを提案することがあります。それは一種の才能です。実現可能かどうかは二の次にして、それらをどんどん表現していくことです。お金や権力を持つ人たちはつねに新しいアイデアを探しています。アイデアこそがお金を生み出す資源だからです。投資家、パトロン、マネージャー、ディーラー——この人たちが求めているのは、お金ではなく資源だというのをおぼえておくことは役に立つでしょう。と同時に、その人たちとうまく付き合っていくためには、自分のアイデアに絶対的な自信を持つことです。

新しいアイデアが求められる分野には、キッチン道具から文具、電子機器、車のアクセサリー、寝具、数え出すときりがないほど無数にありますが、ヒット商品を生み出すというとき、それは単なる思いつきではないはずです。時代の流れをどれほど見つめているか、いま求められているものは何か？　と同時に、自分が社会に提供したいものに対しても明確なビジョンを持っているべきです。単に他と違っているだけでは、世の中に無数にあふれている不要品をまたひとつ増やしてしまうだけでしょう。またこれからの時代、それが形のあるものであれ無形のものであれ、エコであることは必然です。これ以上貴重な資源を無駄遣いすることなく、その上で新しい資源を開発できたなら……これ以上奪い合うことなく、分かち合う方法を見いだし……お互いを傷つけることなく、愛し合うなら、そのとき私たちの未来は、新しい次元の扉を開くでしょう。

地球規模の深刻な問題に焦点をあて、そこにあるさまざまな問題に首を突っ込んでしまうと、それは果てしない苦悩の連続になってしまいます。そして私たちはあまりに無力だというのを思い知るでしょう。あなたはそこで、自分の関心事は夢物語かもしれない、と言ってあきらめるのですか？　それとも、生の充足を求めて、一生を賭けたライフワークを目指していきますか？

もし、自分は小さな人間で、世の中の混沌は誰にもどうすることもできないのだという方向でものごとを見てしまったら、むしろその人生は困難さを増すでしょう。夢と現実の狭間で自分を、あるいは世の中を責めても、何も得るものはありません。できることをコツコツと実行していくことの中にあなたの学びがあるのです。

あなたの人生のテーマは4と同様、内面のくつろぎです。基本的には、自分が本当にくつろいでいることが何よりも大切です。そして、内なるくつろぎをより大きな領域で分かち合っていくということが、あなたの役割です。そのあなたが「世界を変えるのは私だ」などと思ってしまったら、その「偉大な意思」に押しつぶされるだけでしょう。視野は広く持つべきです。でも、自分がくつろいでいないと前には進めません。この微妙なバランスを見守っていましょう。

あなたにとって肚に意識を置くことが大切なので、武術やヨガの呼吸法などを心がけるのは役立つでしょう。そして、可能ならば、目を閉じて座り、呼吸を見つめるだけの〝ヴィパッサナー瞑想〟を試してみることです。ヴィパッサナーとは、ものごとをあるがままに観照するという意味です。

数秘コラム2……数に対する思い込み

13という数字は「縁起が悪い」と言って忌み嫌う人たちがいます。私自身の誕生日が13日なので、縁起が悪いと言われることについて昔から気になっていました。

俗説ではキリストが処刑されたのが13日の金曜だったということでキリスト教徒が忌み嫌ったということですが、それも間違いだという説があり、「人間が体で計算できた数（手指の10と両脚の2）が12だったが、それを上回る13は〝不可能（未知）の数〟として本能的に恐れた」とする説、または「古代において0として不吉な数と考えられた」など、現代人の感覚ではただ首を傾げるような説が、いまだに影響を及ぼしているというのはどういうことでしょう？　私たちの観念はまだ原初の時代に生きているのでしょうか？

日本では「四」という数を嫌います。「死」と発音が同じだからということですが、「師」や「詩」はどうなるのでしょう？　また「九」から「苦」を連想すると言って忌み嫌う人もいるようです。「死を恐れる人は精一杯生きられない」という言葉があります。トータルでいるというのは死と向かい合わせでいることだからです。それに、「苦労するからこそ学び、成長する」というのが本当ではないでしょうか？　何千年も昔に生きた私たちの先祖の思い込みとともに、恐る恐る死ぬまでの日数を数えて過ごすのか、「いま」という現実を生きるのかは、私たち一人ひとりの選択です。すべての数を純粋に愛してみませんか？

CHAPTER 04

数秘を人生により活かすために

個人周期数

最終章の本章では、個人周期数という数を考察していきたいと思います。

たったいま、あなたがどのような数の作用を受けているかに焦点を合わせてくれるのがこの個人周期数という数です。

数秘で扱う基本数1から9がひとつのサイクルとなって1年に1ずつ増えていき、それぞれの数のメッセージを運んできます。1で始まった何かが9で完結し、また新たな旅が1から始まるのです。

ここでの大切な気づきは、どんなことであれ新しく始まったことを完結させるためには、それなりの時間とケアが必要だということです。たとえば、お母さんのおなかの中で赤ちゃんが育っていく過程を想像してみましょう。胎児の体が育っていくに伴って、母親のシステムにもさまざまな変化が現れます。身体的にも精神的にも母親は胎児の成長に合わせて自分自身を調整していくでしょう。一度にたくさんの栄養を注いだからといって胎児の成長が早まるわけでもなければ、ずっとおなかの中にとどまらせるわけにもいかないのです。

生の自然な周期は神秘的であると同時に科学的なものです。おそらく私たちのマインドが時間の観念を持っているからこそ、ひとつずつ増えていく周期数が運んでくるメッセージが意識的にも無意識的にもフィットするのではないかと思います。

事実として、個人周期数の的確さにはどんな人も驚きます。周期数の示す自然な流れに逆らっていると何かがうまくいかない感じがするし、そのメッセージに従っていると、スムーズに事が運んでいると感じるのです。母親が子供に接するように自分自身の自然な周期に寄り添っていくことが大切です。

周期の変わり目は2つの数がオーバーラップしているため、何となく落ち着かないものです。たとえば、9から1に動くときなどは、まだ完全には終わっていない状況の中で、どんどん新しいオファーがやってくるために戸惑うことがあります。そんなときは、終わろうとしていることに自分がしがみついていないかに意識を向け、同時に新しさの中に飛び込んでいく勇気を集めることです。

算出法はとても簡単で、あなたの誕生日の月と日に、現在の年の数値の合計を一桁にしたものを足すだけです。個人周期数は誕生日から誕生日まで作用します。したがって、今年の誕生日が来ている人は今年の年号を足しますが、まだの人は昨年の年号を足すことになります。詳しくは後述するとして、最初に一連の流れで簡単に見ていきましょう。

個人周期数の出し方

（例）3月22日生まれの場合

現在の年と誕生日の月、日を足す。
3月22日生まれの人が、2010年12月の時点で周期数を出そうとしたら、2010年の誕生日が来ていることになるので……

月　日　年

3＋2＋2＋2＋0＋1＋0=10=1+0= 1……個人周期数は1

この周期数は2010年の誕生日から翌年の誕生日まで作用します。

●もしこの人が2011年4月の時点で周期数を出そうとしたら、2011年の誕生日が来ているので……

月　日　年

3＋2＋2＋2＋0＋1＋1＝11＝1＋1＝2…個人周期数は2

●年号は1ずつ増えていくわけですから、個人周期数も1ずつ増えていきます。1、2、3……9になったら、また1になり、9年周期が繰り返されていくわけです。

●自分の軌道数と同じ数が来ている年は、その数の要素をより意識的に体験できるので、強烈さもあるでしょうが、しっかりそのテーマにフォーカスできるという意味で、貴重な年だと言えます。

●誕生月の前後1カ月ほどは周期の作用がオーバーラップします。誕生日が近づくとどことなく落ち着かなくなるのはそのためです。

個人周期の流れ

1―種まきの周期。新しい土壌に種まきをする。
2―滋養の周期。水や適度な肥料を与え、ケアする。
3―創造性の周期。花が咲いて、エネルギーが活性化する。
4―安定の周期。花が根づき、エネルギーが落ち着く。
5―変化の周期。新たな冒険に踏み出し、変化が生まれる。
6―愛の周期。愛を与え、関係性が生まれる。
7―独りの豊かさの周期。エネルギーが内側に向かい貯蔵される。
8―力の周期。貯蔵されたエネルギーが発展する。
9―完成の周期。ひとつのサイクルが終結し、新たな発展の準備をする。

個人周期1

文字通りものごとの始まりのときで、これから先の9年間にどんな種子をまこうとしているのかを見つめておくべき大切なときです。

また、何か新しい始まりの予感がある年ですが、そのことで浮き足立ったりせずに自分の中心にいることが鍵となります。時として、それは「○○のようなことは二度としない」という決意だったりもしますが、それをしない代わりに何をしたいかに注目すると、より発展的な方向性が見つかります。

たとえば先の9年間を振り返ったときに、「もう絶対に人の言いなりにはならない」と思ったとします。ここでもう一度尋ねます。そうしないとき、私は代わりにどういう振る舞いをするだろう？　「自分の意見をはっきり口にしていく」かもしれないし、「嫌なことはきちんとノーを言う」かもしれません。それを言うときに自分がポジティブな位置にいることを確認しましょう。そうでなければ、これからの9年間、何かにつけてあなたは「人の言いなりにはならない」と言い放つことになります。

「○○にならない」は否定形です。そこにファイティングポーズがあることに気がついていますか？　それが「○○していく」になったとき、あなたは自分の中心にいます。

個人周期２

１が種まきなら、２はそれが芽吹くのを待つときです。雨が降り、太陽が照って、種子は成長に必要なものを取り込みながら、自然な開花に向かっていきます。やさしくおだやかなエネルギーの中で、滋養を得ながら内面の成長を見守っていきましょう。

目に見える範囲ではまるで何も起こっていないかのようです。けれども、あなたはあなたなりに１の周期に何かを準備しました。いまはそれが徐々に形となっていっているのだということに信頼を置きましょう。まだかまだかと気をもんで水や肥料をやりすぎても、種は育たないどころか死んでしまいます。ただ待つという姿勢が大事です。

この周期にお金が出ていくと感じる人は少なくないでしょう。何かしら出費がかさむ、それなのに何も起こっていないように見える、不安がやってくる、という負のサイクルが始まります。

出費は滋養のためであり、何ひとつ無駄にはなっていません。いまはむしろリサーチの時期なのですから、周囲を見渡して、あなたの内なる種を育てるために必要なものは何かを見定めていくことです。

信頼して川の流れに身を委ねていれば、すべてが順調なときでもあります。

個人周期3

さあ、開花のときです。あるいは、小川が大海に流れ着いたときとも言えるでしょう。

視野が大きく広がり、心はずっと軽やかです。創造エネルギーは、あなたのしていることにハートを注ぎ込むようにと告げています。それが偉大な芸術や何かである必要はありません。ガラス磨きや掃除、お料理やガーデニング、何であれあなたが心からそのことを楽しんでいれば、そこに創造のエネルギーが生かされるのです。

一言で言うなら、単に人生を楽しむときです。何かをしなければならないというのではなく、起こることすべてを楽しんでいることが鍵でしょう。楽しいという気持ちがエネルギーを活性化するため、いろんなことに関心が深まります。行動力が出てきて、学業も仕事も順調な波に乗ってきます。恋愛にも意外なくらいの積極性が出てくるでしょう。好きと嫌いがはっきり言えている自分を見いだしてびっくりするかもしれません。そしてこれまでの数年間を振り返ったとき、やっとここまで来た、これからもがんばろう、という気持ちがハートの奥底からわき上がってくるのを感じるでしょう。

辺りを見回したときに、あなたは初めて気がつきます。多くの友人が両手を広げてあなたを迎えていてくれたことに。

個人周期4

これまであなたは種まきをし、滋養を与え、開花のときを体験しながら、しっかりと足を踏みしめてきました。やっと土台が固まり、周囲には安定のエネルギーが満ちています。

安心して一緒に仕事をしていける人びとや、信頼の置ける友人や恋人に囲まれ、自分のしていることに自信を見いだし始めています。そしてあなたにその準備ができているからこそ、生存レベルの問題を見つめることになるようです。保証問題や利害にかかわる取引など、外側の安定を得るための課題が生じてきがちです。そんな中であなたは、いまの状況をどうにかして変えようと躍起になったり、どうすればいいのかと悩んでみたりするかもしれません。

この周期にあなたは、どれだけ外側の保証を手放し、内側に安定をもたらせるのかを試されているのかもしれません。内面がくつろぐためには、何であれあるがままの現実を「これはこれなのだ」と受け入れることが大きな鍵です。

外側にどれほど不安材料があっても、内面の豊かさを見いだしていれば、あなたはそのくつろぎのスペースから問題に対処していけるからです。あなたにはその準備ができています。いまこそ外側ではなく内側のくつろぎにしっかりとフォーカスしましょう。

個人周期5

9年周期の中間点に位置する周期です。これまでの4年間とこれからの4年間のターニングポイントなのです。

いままでのやり方がもはや通用せず、新しい選択肢が必要になっています。それを見いだすことで今後の流れがスムーズになります。そのため小さないくつもの変化が起きてくるでしょう。また、4で固着した何かがブレイクスルーするときなので、この周期には落ち着かない気分で日々を過ごしがちです。

小さな変化はやがてやってくる大きな変化を起こすための前兆です。それにイエスを言っていないと、その後に来る大きなエネルギーを迎え入れることが難しくなってしまいます。これはたくさんのエネルギーが外に向かって出ていこうとしているということです。あなたはそれを許すことを恐れているのですか？　向き合うことを避ける具体的な問題があるのでしょうか？

ある状況に対して恐れを抱いていると、あなたはそのことからけっして自由にはなれません。その不安や恐れに向き合ってこそ、あなたは本当の自由を手に入れるのです。慎重になりすぎずに、思い切って飛んでみるといった自在性、あるいは勇気を持つことが鍵です。

恐れと興奮は同じコインの裏表だということを思い起こしてみましょう。

個人周期6

恋人など親しい関係性だけではなく、さまざまな方面で愛の関係が生まれるときです。そしてまた、愛ゆえの別れもあるでしょう。

ただ、この場合の離別はけっして否定的なものではなく、関係性をクリアにするために起こることです。お互いがより深いところを見つめようとしており、より成長したいと望んだときに起こることだというのをおぼえておきましょう。

たとえばあなたが、自分のハートに正直ではないまま嘘の関係を続けていたとしら、いずれはその重みに耐えかねて、相手を恨んだり、責任転嫁してしまうでしょう。そこまで抱え込んでしまう前に、自分の嘘を認めることができれば、お互いの間に涼しい風が吹いてきて、相手とは一生の友達になれるかもしれません。

別れも新たな出会いなのです。そして愛が生まれるとき、それは長い間友人だった人との間に起こることだったりもするでしょう。まったく新しい出会いがやってきた場合も、要点はあなたが自分のハートに正直でいるときに、その出会いが起こるということです。

ハートの真実に責任を取るというのを忘れない限り、その出会いはかならず起こります。

個人周期7

望むと望まざるとにかかわらず、あるいは意識的であれ無意識的であれ、気がつくと独りでいるということが多くなる周期です。

いろんな関係性からちょっと身を引いて、独りを満喫したい感じがしているでしょう。そういう状態でいることに否定的になる必要はありません。周期6で多かれ少なかれ外に向けていたエネルギーを内に向ける時期が来ているだけのこと。これは自然なことなのです。

もし意識的に自分にその状態を作ってあげることができれば、その中であなたが得るものは大きいでしょう。瞑想はもっとも助けになることです。自分のエネルギーを内側に取り込むというのがどういうことなのかを理解することができます。内面の深みに降りていけばいくほど、あなたはそこにある神秘に触れることができます。無意識のベールに隠されていたものが見えてくるでしょう。

ここにある基本的な気づきは、外側にあるすべてのものは内側を映し出す鏡であるということです。この周期に生まれる関係性は、お互いがそれぞれのスペースを持っていることが大切で、それなくしては、双方ともにどこか無理をすることになりがちです。時間的にも空間的にも〝独りでいる〟というスペースを尊重しましょう。

個人周期8

この周期は何かとパワフルな体験をするでしょうが、それを楽しんでいられる人は幸いです。体のエクササイズをし、食事に気をつけ、健康を保ちましょう。そして活発なエネルギーを迎え入れることに注意を向けるのです。そう、望むことを手に入れるためには健康な心と体が大切なのです。

力や金銭にかかわる問題が出てくる周期ですが、あなたが自分の望みを知っていて、それを手に入れることにいい感情を持っている限り、ものごとは発展的に進んでいくでしょう。だからこそ、あなたがどんなふうに自分のパワーを使っているかを注意深く見守っている必要があります。

もしあなたが攻撃的なほうだったら、人生はあなたをより力のある人と直面させるでしょうし、反対に消極的でいたら、自分を弱者や犠牲者のようにしてしまっている部分に目を向けさせるでしょう。

8の学びは女性性と男性性のバランスにあるということを思い出してください。自分の中に力強さを見いだしている人は、けっして他人をコントロールしたり、されたりする必要もなければ、判断や批判の必要もないのだということを認識することです。軌道数や名前の数に8を持っている人は、特にこのことをしっかり学びましょう。

個人周期9

ものごとの完成の周期です。これまでの9年間の努力が実り、実績が評価され、あなたの内面にもひとつのことを完成させたという自信と、ここまでがんばってきた自分自身への信頼が生まれています。さて、ここからどこへ進むのでしょう？　たったいまは単に達成感と充足感があるだけです。これ以上何かをどうこうする必要はありません。どこへ行くのか、何が起こるのかがわからなくても、このギャップの中にいて、より大きな可能性にただ開いていることです。

ここには人生の流れに「明け渡す」という大きな課題があります。この9年間の間に何であれ手にしたものをそんなに簡単には手放せない、この実りをそのままにしておきたいという衝動が来るかもしれません。もしも人生がここで終わるのなら、それにしがみつきたくなるのも仕方ないことかもしれません。けれども人生は延々と続いていく旅です。ひとつのことが完成したら、次に何かが始まるためのスペースが作られるべきなのです。

9の周期を大掃除の周期と呼ぶ人もあります。文字通り古いものを片付け、新しいもののための空間を用意することが求められています。これまでは有効だったけれども、もはや不必要になったものにありがとうを言い、愛を持ってさよならを言うときです。未知の世界に新たな一歩を踏み出すために。

全体的な読み取り方

昨今ではスピリチュアルブームのおかげで、瞑想をはじめ、自分の内面を探求するワークに参加する機会も非常に増えています。人びとの意識も高まってきており、自分自身の内面に働きかけることに対しても多くの人が積極的に取り組んでいます。自然に人びとの理解力も伸びてきています。今回、軌道数、表現数、人格数、ハート数という4つの基本数と個人周期数だけで数秘チャートを読ませるという、ある意味大胆な発想に取り組んだのも、読者のみなさんの感性に賭けてみようと思ったからです。

「シークレット オブ ナンバーズ」のいちばんのシークレット（秘密）は、「シンプル・イズ・ベスト」です。数のエッセンス（本質）を読み取るコツは限りなくシンプルに読むことなのです。誰もがそれを読み取れる感性を持っています。要点は単にそのことに気づいているかどうかだけです。

数で世界が語れると信じて疑わなかったピュタゴラスが、数から何をどんなふうに見いだしてきたのか、そこには非常にシンプルな発想が見受けられます。たとえば彼にとって4は、4つの点がつながった線でした。仮に1辺が4センチの平方形の面積を割り出すとしたら、現在にはかけ算という便利な算出法があって、「4×4＝16だよ」と小学生が答えてくれるでしょう。でもピュタゴラスの時代にはこのような計算式は発見されていませんでした。

彼は幾何学を用いて点が4つの線が構成する四角形を点で埋めていったのです。すると、そこには16個の点ができます。よって面積は16になります。ピュタゴラスは、このような発想を使ってさまざまな定理を見いだしていったのです。そして、彼の洞察は2500年後の現代にみごとに活かされています。天文学、科学の発展にもピュタゴラスの定理は役立っているのです。

コンピュータ・サイエンスの教授で数学者でもあるA・K・デュードニーによれば、ピュタゴラスの定理は彼によって創造されたものではなく、それらの定理は彼によって発見されたのだといいます。これを読んだとき私はまったくその通りだと思いました。つまり、数がこの世界を作っていることを信じて疑わなかったからこそ、ピュタゴラスはそれを見いだせたのです。さらに言うなら、真理は私たちに発見されるのを待っているのです。

それでは、本書のアプローチ「シンプル・イズ・ベスト」にしたがって、基本の4つの数と個人周期数の読み方の一例を流れとして見ていきましょう。それぞれの数の示す要素をどう読むかは自由ですが、数の指し示している方向性を理解しておくと読みやすいです。ただなんとなくわかったような、わからないようなというのではなく、メッセージを肚に落とすことです。

たった今、向き合っている課題にフォーカスしながら読んでいくと、より具体的に読み取れるはずです。67ページで4つの基本数の読み方の説明がありますが、ここでもう一度まとめます。

1）個人周期数で〝いま〟にフォーカスする

個人周期数は、たったいま、あなたの人生に何が起こっているのかに気づきを向けさせるので、つねにここから読んでいきましょう。周期数のメッセージと実際に起こっていることが何であれ、フィットする部分にフォーカスします。何か新しい物事が始まっているでしょうか？　それとも関係性が始まったばかりでしょうか？　どこかに旅立ちたい感覚はありますか？

否定に傾いているときは、書かれていることの正反対のところにいると感じるかもしれません。または、何ひとつフィットしない感じのときもあるでしょう。その場合もハートをオープンにしたまま次に進んでいくと、どこかで腑に落ちますから心配はいりません。

前述したように、軌道数と同じ数が個人周期数にやってくるときは、特に軌道数のテーマが浮き彫りになるので、意義深い1年を送っていると感じます。意識的にその年にフォーカスできたらそれはすばらしいことです。

私の場合はそういうときだけではなく、他の周期のときも意識的に周期数に合わせた行動を取るようになってから、人生がスムーズに進んでいることを実感しています。そんなふうに数のメッセージを上手に役立てていってください。

2）軌道数との関連で見る

まず個人周期数のメッセージがあなたの注意をひとつのことに向けさせていると仮定して話を進めます。たとえばそれが「何かを完結させること」だったとして、軌道数のテーマはそこに向かっていくためのサポートとなる要素なので、テーマが創造性なら「創造的でいることが完結への鍵」といった捉え方ができます。逆に軌道数のテーマ「創造性」をより人生に活かすための鍵が、終局に向かっていっている物事を完全に終わらせることだという場合もあるでしょう。

軌道数を池にたとえるなら、個人周期数はぽっかりと水面に浮かんだ蓮の葉っぱです。池はその葉っぱを支えているかのようでもあるし、葉っぱが指標となって、あなたに池を見つめさせているのかもしれません。

たったいま、個人周期数のメッセージにチューニングできていても、いなくても、池を見つめようと、遅かれ早かれ葉っぱに気づくことになります。「開かれたハート」のまま読み進んでください。

いずれにしても、ここで強調されていることは、あなたが今生で何を基本に置いており、どんな人生を送ろうとしているかです。それはあなたがひとつ前の生でやり残したことであり、いわば続きの章なのです。

3）ハートは何を望んでいるのか？

人生のテーマをシリアスに受け取って「これが私の使命だ！」などと言ってしまわないよう注意しましょう。そうでなければ、あなたの人生は無味乾燥したものになってしまいます。そうならないためにも、ここでいったん立ち止まり、「私は何を欲しているのか？」と尋ねることが大事でしょう。

自分が何を求めていて、何を手放したいのか、どこへ進もうとしていて、何をしたくないのか——いわば、あなたというシステムの中で何が起こっているのかというリアリティチェックです。ハート数を読んでいるときに「これだ！」と感じることがあったら、その感覚を信頼していましょう。

先ほどの比喩を用いるなら、ハート数は蓮の花です。自分のハートを見つけたとたん、静かだった池にパッと花が咲くのです。いつまでも花が咲かないといって嘆く前に、自分のハートをケアしましょう。そして次から次に花を咲かせることです。

4）人格数の振る舞いを理解する

ここでの定義は「人格は何であれハートを守り、その望みを叶えるためにいいと思う方向で行動している」です。

たとえば、他人に対して素っ気ない態度を取る人は、往々にして心のやさしい人だったりします。それは、やさしさゆえに人に巻き込まれてしまう傾向があるので、素っ気なさは自分を守るためなのかもしれません。このように一見ネガティブに見える行動でも、よく見守ってみるとそれなりの理由があったりするものです。

人の目が気になる、付き合い方がわからないなど、社会的なかかわりの中に浮上する問題で悩んでいる人のほとんどが自分自身を非難していたり、自分の行動に自信が持てなかったりという部分で引っかかっています。何であれ自分の取る行動はハートの望みを叶えるためだというふうに捉えてみたら、きっと楽になるはずです。

ハート数が蓮の花なら人格数はその根っこ。水面下で花を咲かせるための滋養供給をしているのだということを忘れないでください。

5）表現数で「あなたらしさ」を知る

ここでの定義は「ハートの望みと人格の振る舞いの間のバランスが取れたときに、最良の形でその人の能力が表れる」です。

自分が社会にどのような貢献をしたいのか、自分らしさを示す表現手段がわからないとき、ハート数と人格数のバランスを再確認しましょう。ハートがわがままを言っていないか、逆に人格がハートを無視していないかなどです。それに気づくだけで、少しずつバランスが戻ってくるのがわかるでしょう。そしてあなたは自身の表現を通して「あなたらしさ」を認識します。あなたはきっと自分を好きになるでしょう。

花と根っこの両方があってこそ、蓮は水面にその姿を浮かび上がらせ、蓮だけが持つ美を表現できるのです。

おわりに

この瞬間にも戦うことだけを考えている人たちがいます。彼らにとっての人生は「戦い」であり、たとえそれが幸せのためだとしても、彼らが心底歌い、踊り、微笑むのを想像するのは難しいことです。

お金がすべてだと言う人びとの日々は貧しいものです。「ビジネス」が「ビジー（忙しく）」「ネス（あること）」を作り出すので、頭はつねにより有利な取引を考え、空虚な心は表面的な快楽に埋め尽くされ、アルコールやドラッグで無感覚にされた体は混沌とした眠りにつきます。彼らは本当のくつろぎを味わいたいと願いながらも、実体のない夢にとらわれ続けるのです。

進むべき方向性が見えないと言って、反社会的な行動に出る若者たちがいます。世間が何と言おうが、「できないことはできない」と主張する彼らは、自由を宣言しながらも、本当に自由ではないことを知っています。

チャネリングにヒーリングにアセンション——目に見えない世界にのめり込んでいく人たちは、スピリチュアルブームに乗っているという感覚に満足しながらも、他人事にかかわればかかわるほど自分のスペースがなくなることに居心地の悪さを感じています。

セラピストやカウンセラー、医療関係者や社会福祉に従事する人たちは、人を手助けすることを通して恩恵を得れば得るほど、内的な探求に対する魂の渇きが強まっていくことに気づき始めています。

そして、すべての人びとの中にある微かな「不安」の根底には、「私とは誰なのか?」という究極の問いかけがあるはずです。

「私とは誰なのか?」——ピュタゴラスの時代から何千年も問われ続けてきたこの問いかけが、あなたを導いていくのを許しましょう。

シークレット オブ ナンバーズ——数の神秘を解き明かすことは、「あなた」という存在全体を知り、理解し、受け入れていくことです。真の喜び、豊かさ、自由、慈しみ、そして愛を見いだすために。

2010年11月　Daso Saito

ヘボン式ローマ字表

あ行	あ	い	う	え	お								
	A	I	U	E	O								
か行	か	き	く	け	こ こう	が	ぎ	ぐ	げ	ご ごう	きゃ	きゅ	きょ きょう
	KA	KI	KU	KE	KO	GA	GI	GU	GE	GO	KYA	KYU	KYO
											ぎゃ	ぎゅ ぎゅう	ぎょ ぎょう
											GYA	GYU	GYO
さ行	さ	し	す	せ	そ そう	ざ	じ	ず	ぜ	ぞ ぞう	しゃ	しゅ しゅう	しょ しょう
	SA	SHI	SU	SE	SO	ZA	JI	ZU	ZE	ZO	SHA	SHU	SHO
た行	た	ち	つ	て	と とう	だ	ぢ	づ	で	ど	ちゃ	ちゅ ちゅう	ちょ ちょう
	TA	CHI	TSU	TE	TO	DA	JI	ZU	DE	DO	CHA	CHU	CHO
な行	な	に	ぬ	ね	の のう						にゃ	にゅ にゅう	にょ にょう
	NA	NI	NU	NE	NO						NYA	NYU	NYO
は行	は	ひ	ふ	へ	ほ ほう	ば	び	ぶ	べ	ぼ ぼう	ひゃ	ひゅ ひゅう	ひょ ひょう
	HA	HI	FU	HE	HO	BA	BI	BU	BE	BO	HYA	HYU	HYO
						ぱ	ぴ	ぷ	ぺ	ぽ ぽう	びゃ	びゅ びゅう	びょ びょう
						PA	PI	PU	PE	PO	BYA	BYU	BYO
											ぴゃ	ぴゅ ぴゅう	ぴょ ぴょう
											PYA	PYU	PYO
ま行	ま	み	む	め	も もう						みゃ	みゅ みゅう	みょ みょう
	MA	MI	MU	ME	MO						MYA	MYU	MYO
や行	や		ゆ ゆう		よ よう								
	YA		YU		YO								
ら行	ら	り	る	れ	ろ ろう						りゃ	りゅ りゅう	りょ りょう
	RA	RI	RU	RE	RO						RYA	RYU	RYO
わ行	わ		を		ん								
	WA		WO		N								

■撥音：「ん」は「N」で表すが、B、M、P の前に来る場合は「M」になる。
例）難波（なんば）NANBA ⇒ NAMBA　乱歩（らんぽ）RANPO ⇒ RAMPO

■促音：小さい「っ」は、その次の文字を重ねて表す。
例）一茶（いっさ）⇒ ISSA　服部（はっとり）⇒ HATTORI
ただし、チ（CHI）、チャ（CHA）、チュ（CHU）、チョ（CHO）の場合は、前に「T」を加える。
例）八町（はっちょう）⇒ HATCHO

■長音：伸ばす音は、省略する。
例）太田（おおた）OOTA ⇒ OTA　次郎（じろう）JIROU ⇒ JIRO
陽子（ようこ）YOUKO ⇒ YOKO

参考文献

『Numerology and The Divine Triangle』by Faith Javane and Dusty Bunker（Whitford Press）
『Numerology for the New Age』by Lynn Buess（Light Technology Publishing）
『The Secret Science of Numerology』by Shieley Blackwell Lawrence, Msc. D.（NEW PAGE BOOKS）
『Numerology the Complete guide Vol.1&2』by Matthew Oliver Goodwin（NEW PAGE BOOKS）
『The Secret Teachings of All Ages』by Manly P. Hall（Philosphical Research Society）
『PYTHAGORAS』by Thomas Stanley（Philosophical Research Society）
『Philosophia Perennis: The Golden Verses of Pythagoras Vol.1&2』by OSHO
『ピュタゴラス伝（叢書アレクサンドリア図書館）』イアンブリコス著　中務哲郎、岡道男監修　佐藤義尚訳（国文社）
『ピタゴラスの生涯』ポルピュリオス著　水地宗明訳（晃洋書房）
『天球の音楽—ピュタゴラス宇宙論とルネサンス詩学』S・K・ヘニンガーJr.著　山田耕士、正岡和恵、吉村正和、西垣学訳（平凡社）
『ピュタゴラス派　その生と哲学』B・チェントローネ著　斎藤憲訳（岩波書店）
『神々の沈黙』ジュリアン・ジェインズ著　柴田裕之訳（紀伊國屋書店）
『ノヴム・オルガヌム』ベーコン著　桂寿一訳（岩波書店）
『永久の哲学　ピュタゴラスの黄金詩』全2巻　OSHO講話（市民出版社）
『数学の不思議な旅』A・K・デュードニー著　好田順治、小野木明恵訳（青土社）

Daso Saitoプロフィール

18才でプロの占い師の道を歩み始め、ジプシー占い師と称して日本全国を旅する。北は北海道、南は沖縄までを10年間訪ねてまわる。それは「他人に耳を傾ける」修行だったという。

28才の年に北インドのラダック地方を旅し、真実への渇望に気づく。以後、南インドからスリランカへ渡り、ふたたび北上してネパールへ。タイ、バリ島、アメリカ西海岸、ハワイ、イタリア、ドイツ、イギリス、アイルランド、オーストラリア、ギリシャ――その土地に暮らしながら、エネルギースポットを訪ね回る。

“OSHO瞑想リゾート”という名称で知られるインド、プネーにあるスピリチュアル・コミューンにもたびたび訪れ、瞑想やセラピーの技法を習得してきた。この頃からシャーマニズムへの関心が瞑想へと移っていく。外側の旅が内側に向かった時だった。

タロットリーダーとして40年、数秘ティーチャーとして22年のキャリアを持つ。1981年に『愛のタロット』（共栄出版社）を出版。占星術も学び、86年には『星座のはなし&ぬり絵本』（リーブル）を出版。女性誌のコラムなどにも数多く執筆してきた。

数秘の分野では92年に出版した『100年数秘の本』(日本ヴォーグ社)をきっかけに日本に数秘学ブームを作ってきた。また出版と同時に始めた通信講座やライブクラスを通してプロの数秘リーダーを数多く育てている。

2005年に「ピュタゴラス数秘 アカデミー ジャパン」を設立。スカイプを利用したタロットと数秘のオンライン講座、ライブクラス、講師養成講座などにエネルギーをかたむけてきた。

家族セラピー「家族の座」のセラピストであると同時にABH公認ヒプノセラピストでもある。現在は、瞑想コーチとして「自分自身のマスターになる」ことを目指す瞑想体験コース「マスタリー塾」を大阪、愛知、東京で開催する傍ら、「クリーン・ランゲージ」という最新のコミュニケーションツールを教えている。相手に介入しないこの技法を数秘やタロットリーディングに応用することで、一歩進んだリーディングが可能になる。軌道数3、エナタイプも3という創造的、発展的なアプローチが注目を浴びている。神奈川県在住。

ABH公認ヒプノセラピスト／英国クリーンラーニング公認クリーン・ファシリテイター／Osho瞑想リーダー

オフィシャルサイト
http://dasosaito.com

ピタゴラスネオアカデミー・ジャパン
http://pnaj.net

クリーン・ランゲージ・ジャパン
http://cleanlanguage.jp

フェイスブックページ
https://www.facebook.com/dasosaito

The Secret of Numbers ～シークレット オブ ナンバーズ～

2010年11月25日　第1刷発行
2019年8月1日　第4刷発行

著　者　Daso Saito
発行者　唐津　隆
発行所　株式会社ビジネス社
〒162－0805　東京都新宿区矢来町114番地
神楽坂高橋ビル5階
電話　03（5227）1602（代表）
http://www.business-sha.co.jp

カバーデザイン／常松靖史（チューン）
本文デザイン／茂呂田　剛（エムアンドケイ）
カバー印刷・本文印刷・製本／半七写真印刷工業株式会社
〈編集担当〉野本千尋　〈営業担当〉山口健志

ISBN978-4-8284-1612-0